W0030036

Marion Gräfin Dönhoff

›Um der Ehre willen‹

Marion Gräfin Dönhoff

›Um der Ehre willen‹

Erinnerungen
an die Freunde vom 20. Juli

im Siedler Verlag

Dieses Denkmal, geschaffen von dem bekannten Amerikaner Alexander Liberman, wurde von Marion Dönhoff zu Ehren der Freunde vom 20. Juli im Januar 1990 bei Graf Hermann Hatzfeldt in Crottorf errichtet.

Inhalt

Am Abend des 20. Juli 1944, als einwandfrei erwiesen war, daß Hitler das Attentat überlebt hatte, ließ Generaloberst Fromm, der Befehlshaber des Ersatzheeres, die militärischen Führer des Aufstandes im Hof des Bendlerblocks, dem Sitz des Oberkommandos der Wehrmacht, erschießen. Es waren dies Oberst Graf Stauffenberg, General Olbricht, Oberst Merz von Quirnheim und Oberleutnant von Haeften.

»Sie«, so sagte Heinrich Himmler in der Rede, die er am 3. August 1944 vor den in Posen versammelten Gauleitern hielt, »wurden so schnell beseitigt, daß die Herren mitsamt dem Ritterkreuz eingegraben wurden. Sie wurden dann am anderen Tage wieder ausgegraben, und es wurde noch einmal richtig festgestellt, wer es war. Ich habe dann den Befehl gegeben, daß die Leichen verbrannt und die Asche in die Felder gestreut wurde. Wir wollen von diesen Leuten, auch von denen, die noch hingerichtet werden, nicht die geringste Erinnerung in irgendeinem Grabe oder an einer sonstigen Stätte haben...«

Alle anderen Beteiligten wurden im Lauf der nächsten Monate, manche nach Mißhandlungen und Folterungen, vom Volksgerichtshof abgeurteilt und dann in Plötzensee am Fleischerhaken erhängt. »Ich will, daß sie erhängt werden, aufgehängt wie Schlachtvieh«, so lautete der Wunsch des »Führers«. Auf seinen Befehl mußten die Filmkameras ohne Unterbrechung surren, damit er sich noch am selben Abend in der Reichskanzlei an dem Schauspiel weiden konnte. Es scheint für ihn ein besonderer Genuß gewesen zu sein, seine Feinde erst dem Präsidenten des Volksgerichtshofs ausgeliefert zu sehen und dann ihren Todeskampf am Haken in Plötzensee mitzuerleben.

In dem eben erschienenen Ullstein-Buch »Für Deutschland - Die Männer des 20. Juli.« werden die Erinnerungen eines Gefängniswärters zitiert: »Stellen Sie sich einen Raum mit niedriger Decke und geweißten Wänden vor. Unter der Decke war eine Schiene angebracht, an der zehn große Haken hingen, wie die, welche die Metzger brauchen, um das Fleisch abzuhängen. In einer Ecke stand eine Filmkamera. Scheinwerfer gaben ein grelles, blendendes Licht wie in einem Atelier.

In diesem sonderbaren kleinen Zimmer befanden sich der Generalstaatsanwalt des Reiches, der Scharfrichter mit seinen beiden Gehilfen. Der Filmoperateur und ich selbst mit einem zweiten Gefängniswärter. An der Wand stand ein kleiner Tisch mit einer Flasche Kognak und Gläsern für die Zeugen der Hinrichtung.

Im Hof des Bendlerblocks, der Zentrale der Verschwörung, wurden noch am Abend des 20. Juli die militärischen Führer des Aufstandes erschossen. Die Aufnahme zeigt, wie die SS den Bendlerblock zerniert.

Die Verurteilten wurden hereingeführt; sie hatten nur ihre Sträflingsanzüge an und trugen Handschellen. Sie wurden in einer Reihe aufgestellt. Grinsend und unter Witzen machte sich der Scharfrichter zu schaffen. Einer nach dem anderen, alle zehn kamen dran. Alle zeigten den gleichen Mut. Das dauerte alles in allem fünfundzwanzig Minuten. Der Scharfrichter grinste ständig und machte dauernd seine Witze. Die Filmkamera arbeitete ohne Unterbrechung.«

Die Witwen erfuhren den Tod ihrer Männer entweder durch eine amtliche Benachrichtigung, die in fünf Zeilen drei Mitteilungen enthielt: erstens die Tatsache der Verurteilung, zweitens das Datum der bereits vollstreckten Verurteilung, drittens den Satz: »Die Veröffentlichung einer Todesanzeige ist unzulässig.« Oder sie erfuhren ihn durch die Kostenrechnung, die ihnen übersandt wurde und die sie zu begleichen hatten. Da hieß es beispielsweise:

Gebühr gem. §§ … für Todesstrafe	*300,–*
Postgebühr gem. § 72, 1 SGKG	*1,84*
Gebühr gem. § 72,6 für den Pflichtverteidiger	*81,60*
für die Strafanstalt vom … bis …	*44,–*
Kosten der Strafvollstreckung	*158,18*
Porto für Zustellung der Kostenrechnung	*12,–*

zusammen RM 585,74

Die Gestapo hat die Mehrzahl der Hingerichteten als Mitglieder des »Kreisauer Kreises« – Kreisau hieß das Gut des Grafen Moltke in Schlesien – charakterisiert und kategorisiert. Diese Bezeichnung erweckt die irrige Vorstellung, daß es einen Kreis von Verschwörern gab, der häufig zusammenkam, alle Fäden in der Hand hatte, gemeinsam beriet und die Aktivitäten dirigierte. So war es nicht. Es gab viele kleine Kreise, die sich zum Teil überschnitten, aber keine feste Organisation – schon deshalb nicht, weil äußerste Geheimhaltung lebenswichtig war.

So durfte man während all jener Jahre von der Wohnung eines Freundes keinen der anderen anrufen. Keineswegs kannten alle einander persönlich. Hans Oster und Henning Tresckow, zwei entscheidend wichtige Persönlichkeiten, »haben sich niemals gesehen oder gesprochen«, sondern nur über Mittelsmänner verkehrt, schreibt Fabian von Schlabrendorff. Ich weiß es nicht, aber ich könnte mir vorstellen, daß auch Axel von dem Bussche die beiden Kreisauer, also Helmuth Moltke und Peter Yorck, gar nicht persönlich gekannt hat. Ich habe den Botschafter Ulrich von Hassell häufig getroffen, wir waren befreundet, politisch der gleichen Meinung, haben auch miteinander korrespondiert, jedoch ohne zu wissen, daß wir beide in der gemeinsamen Sache auch tätig waren. Allergrößte Geheimhaltung war einfach existentiell notwendig.

Was gab es, wenn es einen Kreis nicht gab? Es gab ein militärisches und ein ziviles Zentrum. Die Offiziere waren am Anfang um Generaloberst Ludwig Beck, Chef des Generalstabs, um Friedrich Olbricht und Generalmajor Henning von Tresckow konzentriert, die schon 1938/1939 der Meinung waren, Hitler müsse ausgeschaltet werden. Später wurde dann Claus Stauffenberg zum Zentrum und General Hans Oster von der Abwehr zum »Geschäftsführer der Widerstandsbewegung«, wie ihn jemand einmal nannte. Während des Krieges hatten sich immer mehr Offiziere gleicher Gesinnung zusammengefunden; Empörung und Abscheu über das, was an Verbrechen im Frontbereich geschah, vereinigte sie weit stärker als die Empörung über falsche Entscheidungen und dilettantische Führung.

Schon das Jahr 1938, also die sogenannte Tschechen-Krise, war für alle Oppositionellen ein Signal. Ludwig Beck, der immer wieder, freilich ganz vergebens, den Hitlerschen Kriegsvorbereitungen gegen die Tschechoslowakei entgegengetreten war, hatte schließlich 1938 resigniert seinen Abschied genommen. Aber auch weiterhin war er für alle, die dem System kritisch gegenüberstanden, die Hoffnung. Für ihn galt nicht, wie für viele andere Offiziere, die Anfechtung des höheren Befehls. Er hatte seinen Untergebenen stets gepredigt: »Ihr soldatischer Ge-

Hans Oster (ganz rechts) entwickelte seit der Fritsch-Krise 1938 immer neue Staatsstreichpläne. Er war bei der Abwehr die Anlaufstelle für alle Kritiker des Regimes. Im Oktober 1939 nahm er mit Hilfe des Vatikans Verbindung mit London auf, um zu verhindern, daß ein möglicher Staatsstreich gegen Hitler von England zu einer Westoffensive ausgenützt würde. Gleichzeitig warnte er mit Wissen von Beck die Belgier und Niederländer. Am 9. April wurde er in Flossenbürg gehenkt.

horsam hat dort eine Grenze, wo Ihr Wissen, Ihr Gewissen und Ihre Verantwortung Ihnen die Ausführung eines Befehls verbieten ...« Und weiter: »Es ist ein Mangel an Größe und an Erkenntnis der Aufgabe, wenn ein Soldat in höchster Stellung in solchen Zeiten seine Pflichten und Aufgaben nur in dem begrenzten Rahmen seiner militärischen Aufgaben sieht, ohne sich der höchsten Verantwortung vor dem gesamten Volk bewußt zu werden.«

Im Verlauf des Krieges, und je länger dieser dauerte, desto eingehender wurde von Stauffenberg und Tresckow der Staatsstreich generalstabsmäßig vorbereitet, denn allen war klar, daß das Attentat selbst nur die Initialzündung sein konnte. In der ersten Unsicherheitsphase danach mußten sofort das Regierungsviertel, der Rundfunk, die entscheidenden Kommandostellen sowie die Fernmeldeämter schlagartig besetzt und die SS-Verbände neutralisiert werden. Ferner wurde vorgesehen, an allen Schlüsselstellungen von Regierung und Verwaltung politisch zuverlässige Persönlichkeiten einzusetzen.

Es gab als zweiten Kreis ein Zentrum der zivilen Opposition, dessen Mittelpunkt Helmuth Graf Moltke war, zusammen mit Peter Graf Yorck. Moltke war ein Großneffe des Feldmarschalls der Bismarck-Ära, Yorck ein Nachfahre jenes Generals, der gegen den Befehl des preußischen Königs mit dem russischen General Diebitsch einen Sonderfrieden in Tauroggen geschlossen und damit die entscheidende Wende zum Sturz Napoleons herbeigeführt hatte. In Kreisau, dem Besitz der Moltkes in Schlesien, haben drei wichtige Zusammenkünfte, bei den Yorcks in der Berliner Hortensienstraße die meisten Besprechungen stattgefunden.

Sehr bald nach Beginn des Rußlandfeldzugs glaubten die Oppositionellen, ein Wendepunkt in der Geschichte sei gekommen oder stehe unmittelbar bevor. Sie waren überzeugt, daß das Regime zusammenbrechen werde und daß für die Zeit danach etwas ganz Neues vorbereitet und rechtzeitig die richtigen Leute dafür gefunden werden müßten. Denn daß es nicht genügen würde, den alten Zustand von vor 1933 wiederherzustellen, davon waren alle fest überzeugt.

Dieses Neue zu durchdenken und vorzubereiten, das war die Aufgabe, die die Kreisauer sich stellten. Vor allem anderen war ihnen die Erneuerung der moralisch-ethischen Maßstäbe wichtig. Sie waren sich einig darin, daß ohne metaphysische Dimension weder das Individuum noch die Nation leben können. In dieser Überzeugung wurden sie durch den platten Positivismus und die Pervertierung aller Werte während der Nazizeit ständig von neuem bestärkt.

Der Widerstandskreis um Helmuth Moltke

und Peter Yorck, dessen Mitglieder nach dem 20. Juli fast alle hingerichtet worden sind, sah seine Aufgabe nicht darin, das Attentat auszuführen; hierzu waren nach ihrer Meinung – vor allem seit im Herbst 1939 der Krieg begonnen hatte – allein die Soldaten imstande. Ganz bewußt beschränkten sich die Zivilisten darauf, in vielen Diskussionen und gründlichen Analysen die außenpolitischen, sozialen, wirtschaftlichen und verwaltungstechnischen Voraussetzungen herauszuarbeiten, die das Fundament für die Zukunft abgeben sollten. In dieser Absicht ließen sie sich durch nichts irremachen, auch nicht durch die immer wieder angesetzten und dann notgedrungen wieder verschobenen Attentatstermine der Militärs.

Erst Anfang Juni 1944, als zwei wichtige Mitglieder des Widerstands verhaftet wurden – die führenden Sozialisten Julius Leber und Adolf Reichwein, die von einem Kommunistenspitzel verraten worden waren –, entschlossen sie sich, mit Stauffenberg und der Armee mitzumachen, ehe es vielleicht für alles und alle zu spät sein würde. So kam es, daß am 20. Juli der Kreisauer Kreis mit den Militärs zusammen agierte. Nur wer dies nicht verstanden hat, kann darüber klagen, daß die Kreisauer, wie es manchmal heißt, vor lauter Reden und Planen nicht zum Handeln kamen. Sie redeten so viel und planten so lange, weil die Militärs, deren Aufgabe es war zu agieren, nicht zum Handeln kamen.

Zwischen diesen beiden Gruppen gab es einzelne, wie Fritz-Dietlof Graf Schulenburg oder Adam von Trott, die sowohl im militärischen wie im zivilen Bereich Bindungen hatten, ferner die Kirchenvertreter beider Konfessionen und dann die Sozialisten und Gewerkschafter.

Ein sehr deutlicher Unterschied bestand zwischen den Generationen: Die Älteren und die Militärs um Generaloberst Beck betrachteten Carl-Friedrich Goerdeler, den früheren Oberbürgermeister von Leipzig, als ihren politischen Kopf; die Jüngeren um Moltke und Yorck, die alle unter vierzig waren, hielten eher auf Distanz zu den »Exzellenzen«, wie sie sie gelegentlich ein wenig spöttisch nannten; bei ihnen gewannen die Sozialisten Julius Leber und Wilhelm Leuschner als politische Köpfe immer mehr an Gewicht. Die Jungen wollten nicht das Alte wiederherstellen, ihnen ging es um eine neue Ordnung.

Für viele von uns heutigen ist unverständlich, daß der 20. Juli 1944, der als moralisch-politische Tat weit herausragt aus der deutschen Geschichte, nie wirklich in das Bewußtsein der Deutschen eingegangen ist. Beim Nachdenken über dieses Phänomen ist mir klargeworden, daß in der Politik – wie auch in der Geschichte – nicht die Fakten das Entscheidende sind, sondern die Vorstellung, die sich die Menschen von den Fakten machen.

Auch was das Attentat vom 20. Juli 1944 angeht, klaffen Fakten und Vorstellungen weit auseinander. Die erste Version lieferte noch am gleichen Tag Adolf Hitler mit seiner Interpretation: »Eine kleine Clique ehrgeiziger Offiziere...« In vielen Variationen wurde die Legende verbreitet, es habe sich um ewiggestrige Aristokraten, mißvergnügte Generale und ein paar verbrecherische Intellektuelle gehandelt. Diese Darstellung, immer von neuem wiederholt, blieb unwidersprochen, denn die sofort einsetzende Welle von Verhaftungen und Hinrichtungen verbreitete Angst und Schrecken – auch Kinder wurden in Gewahrsam genommen, ihrer Familiennamen beraubt und in Bad Sachsa konzentriert. Die Witwe meines Vetters, des hingerichteten Grafen Heinrich Lehndorff, brachte ihr viertes Kind im Gefängnis zur Welt.

Insgesamt sind nach dem 20. Juli 1944 etwa zweihundert Menschen hingerichtet worden, darunter auch Frauen, so Elisabeth von Thadden, Direktorin eines Landschulheims für Mädchen. Der Grund: Sie hatte sich zusammen mit Mitgliedern des Solf-Kreises um humanitäre Hilfe für Verfolgte, darunter auch Juden, bemüht.

Im Inland konnte es außer geflüsterten Informationen im Kreise der Betroffenen keine Richtigstellung geben, und als der Nationalsozialismus im Frühjahr 1945 zusammenbrach, Deutschland besetzt wurde und zehn Millionen Flüchtlinge in die zerstörten Städte drängten, gab es andere Sorgen und neue Probleme.

Im Ausland aber wurde die Existenz eines deutschen Widerstands von den Alliierten wider besseres Wissen geleugnet: Dabei waren Engländer und Amerikaner schon 1938 über die Pläne der Verschwörer orientiert worden, Hitler gefangenzusetzen, falls er in der Sudetenkrise den Ausweg im Krieg suchen sollte.

Das Jahr 1938 war für den Widerstand zum Beginn einer bewußten Sammlungsbewegung geworden. Zwei Ereignisse gaben den Anlaß dazu: im Frühjahr die Entlassung des Kriegsministers von Blomberg aufgrund einer Intrige und des dadurch ausgelösten Skandals. Und ferner die Affäre Fritsch, mit deren Hilfe der bei den Nazis verhaßte Generaloberst von Fritsch, der Chef der Heeresleitung, als »untragbar« erledigt worden ist.

In Stichworten: Die Gestapo hatte eine verstaubte Polizeiakte ausgegraben, die Vorwürfe wegen homosexueller Vergehen gegen einen Rittmeister von Frisch enthielten. Die Geheime Staatspolizei, nicht faul, fügte in den Namen Frisch kurzerhand ein »t« ein, und Hitler, dem die Akte zugeleitet wurde, berief eigens eine Kabinettssitzung, um die Reichsregierung über diesen schockierenden »Fall« zu informieren. So bekam Hitler die Möglichkeit, zwei der wichtigsten Posten nach seinem Geschmack neu zu besetzen.

Als dann im Herbst 1938 angesichts der Sudetenkrise Generaloberst Beck als Chef des Generalstabs zurücktrat, weil Hitler all seine Warnungen vom Tisch fegte, war die oberste Führung der Wehrmacht aller kritischen Geister beraubt. Diese Ereignisse führten dazu, daß damals eine Reihe skeptischer Einzeldenker sich enger zusammenfanden: Beck, Oster, Schulenburg, Schwerin, Dohnanyi. Major Hans Oster von der Abwehr, der von nun an für die Freunde immer unentbehrlicher wurde, nahm vorsichtig Verbindung mit dem Auswärtigen Amt auf, mit Weizsäcker, dem Staatssekretär, und dessen Mitarbeiter Erich Kordt.

In allen Phasen der Planung hatten die Oppositionellen für den ersten Schritt stets eine militärische Aktion vorgesehen, weil die Durchführung anders gar nicht möglich gewesen wäre. Im Herbst 1938 hatten sich der Kommandeur des Wehrkreises Berlin, Erwin von Witzleben, und der Kommandant der Potsdamer Garnison, Graf Brockdorff-Ahlefeld, zur Verfügung gestellt; auch stand eine Panzerdivision unter General Hoepner bereit für den Fall, daß die Leibstandarte in Aktion treten sollte.

Winston Churchill hatte damals leichtfertigerweise in einer Rundfunkansprache vom 17. Oktober 1938 durchblicken lassen, daß es in Deutschland eine Opposition gebe, was Hitlers äußersten Zorn erregte. Um seine Indiskretion zu vertuschen und Hitler zu beschwichtigen, hat Churchill laut »Times« vom 7. November 1938 in einer Mitteilung an die Presse erklärt: »Ich habe immer gesagt, daß ich hoffen würde, wir möchten, im Fall einer britischen Niederlage im Krieg, einen Hitler finden, der uns zu unserer rechtmäßigen Stellung unter den Nationen zurückführt.« Er fügte hinzu: »Aber leider haben Hitlers große Erfolge ihn nicht staatsmännisch reifen lassen«, ein Zusatz übrigens, der beim Zitieren meist weggelassen wird.

Die Verschwörer setzten damals auf heimliche Verbindungen zu den Engländern, um London dazu zu bringen, Hitler gegenüber hart aufzutreten. Zu diesem Zweck hatte Major Hans Oster von der Abwehr sich im Herbst 1938 entschlossen, mit Staatssekretär Ernst von Weizsäkker im Auswärtigen Amt enger zu kooperieren, um Hitlers Angriffspläne gegen die Tschechoslowakei zu vereiteln. Der Chef des Ministerbüros im Auswärtigen Amt und Vertraute Weizsäkkers war damals Erich Kordt, dessen Bruder Theo als Botschaftsrat an der Deutschen Botschaft in London arbeitete. Es wurde beschlossen, den Engländern mit Hilfe der Brüder Kordt eine Botschaft zukommen zu lassen.

Erich Kordt entwarf den Text, und seine Cousine Susanne Simonis, die als Kurier nach London geschickt wurde, mußte ihn auswendig lernen, weil eine schriftliche Information zu gefährlich gewesen wäre. Sie traf am 5. September bei Theo Kordt in London ein. Zwei Tage darauf begab sich dieser in die Downing Street No. 10 zum Außenminister, Lord Halifax; um kein Aufsehen bei vielleicht zufällig anwesenden Pressephotographen zu erregen, benutzte er den Garteneingang. Kordt führte im Auftrag Weizsäckers aus: »Hätte 1914 der damalige britische Außenminister, Sir Edward Grey, eindeutig Stellung bezogen und klargemacht, daß England an Frankreichs Seite stehen wird, wäre möglicherweise der Krieg verhindert worden.« Jetzt sei die Situation ähnlich.

Halifax versprach, den Premierminister zu informieren und volle Diskretion zu wahren. Er vermittelte Kordt den Eindruck, daß seine Vorstellungen einen positiven Effekt hatten und daß in Kürze eine eindeutige Stellungnahme erfolgen würde. Auch als Chamberlain am 15. September nach Deutschland flog, meinte Kordt noch, der englische Premier werde Hitler gegenüber energisch auftreten. Aber nach der Münchener Konferenz sagte Halifax zu Theo Kordt: »Wir sind

Der englische Premier Neville Chamberlain kommt am 22. Sept. 1938 zum zweiten Treffen mit Hitler nach Godesberg, empfangen vom Außenminister von Ribbentrop. Mit dem Appeasement Chamberlains brechen alle Hoffnungen der deutschen Verschwörer zusammen, die immer wieder ein hartes Auftreten der Engländer Hitler gegenüber forderten.

nicht imstande gewesen, so freimütig zu Ihnen zu sein, wie Sie zu uns waren. Zu der Zeit, als Sie uns Ihre Botschaft übermittelten, erwogen wir bereits die Entsendung Chamberlains nach Deutschland.«

Neville Chamberlain war also 1938 nach München gereist, um Hitler Zugeständnisse zu machen und dessen Wünsche, das Sudetenland betreffend, zu erfüllen. So konnte dieser die deutsche Wehrmacht ohne jedes Kriegsrisiko in das Sudetenland einrücken lassen, und so wurde auch der Staatsstreich verhindert, den die Opposition für den Fall vorbereitet hatte, daß Hitler in die CSSR einmarschieren sollte. Wie sehr man in Deutschland den Krieg gefürchtet hatte, machten die begeisterten Ovationen deutlich, die Chamberlain – nicht Hitler – in München dargebracht worden sind, als jene Vereinbarung bekannt wurde. Man wagt gar nicht, sich zu fragen, welchen Verlauf die Weltgeschichte genommen hätte, wenn die Engländer tatsächlich mit der deutschen Opposition kooperiert hätten und es zu einem Anschlag auf Hitler gekommen wäre.

Im Sommer 1939, vor der Polen-Krise, waren die Mitglieder der Opposition überzeugt, jetzt müsse noch einmal alles unternommen werden, um Hitler klarzumachen, daß Außenminister Ribbentrops Behauptung, England sei dekadent und werde für Polen nicht kämpfen, absolut falsch sei. Darum wurde Oberstleutnant Graf Schwerin, der im Generalstab des Heeres die Gruppe England/Amerika leitete, im Juli 1939 auf Veranlassung von General Oster gebeten, in seinem Urlaub nach England zu fahren, um sich über die Stimmung zu informieren und den entscheidenden Leuten zu erklären, sie müßten Hitler gegenüber ganz anders auftreten. Schwerins Auftrag war es, den Engländern zu sagen: »Schickt ein Flottengeschwader nach Danzig, führt dem deutschen Luftwaffenchef eine neu aufgebaute Luftflotte vor, treibt den Militärpakt mit der Sowjetunion voran! Das einzige, was Hitler von weiteren Abenteuern abhalten kann, ist ein drohender Zwei-Fronten-Krieg.«

Schwerin bewirkte nichts, die Engländer wollten ihn nicht hören. Als er nach seiner Rückkehr dem Oberkommando der Wehrmacht den Bericht vorlegte, wurde er mit sofortiger Wirkung aus dem Generalstab entlassen, denn auch das Oberkommando wollte nicht hören, was er über die Stimmung in England mitzuteilen hatte. Im gleichen Jahr reiste Goerdeler als neuer Emissär mit dem Einverständnis der opponierenden Generale zu Churchill, Vansittart und Daladier, um sie über die Lage in Deutschland zu orientieren. Niemand war bereit, auf ihn einzugehen.

Drei Jahre später – im Juni 1942 –, Anthony Eden war inzwischen Außenminister, zeigte sich, daß dieser für die inzwischen verzweifelt gewordene Situation des deutschen Widerstands noch weniger Verständnis hatte. Als Adam Trott – wieder unter Lebensgefahr – eine Denkschrift herausbrachte, die ein Würdenträger der holländischen Kirche Eden übergab, begriff dieser offenbar nicht einmal, worum es sich handelte. Die deutsche Opposition forderte damals lediglich, die Engländer möchten in ihrer Propaganda zwischen Nazis und Deutschen einen Unterschied machen, um so die Planung der Opposition zu erleichtern. Edens Antwort: Er werde »diesen Leuten« (die in seinen Augen offenbar Landesverräter waren) nicht antworten. Er notierte: »Unsere Meinung ist, daß sie weder für uns noch für Deutschland von Nutzen sind, so lange sie sich nicht decouvrieren und ein sichtbares Zeichen ihrer Absicht geben, bei der Entmachtung des Nazi-Regimes mitzuwirken.« Die Engländer, die in rechtsstaatlich so zivilisierten Verhältnissen lebten, konnten sich wohl nicht vorstellen, daß eine Regierung zum Verräter am eigenen Volk werden kann. Und sicher haben sie sich auch keine Vorstellung von dem quälenden Problem gemacht, mit dem hohe Beamte und Militärs sich auseinandersetzen mußten: ob und wann man seinen Eid brechen dürfe.

Immer wieder vor und während des Krieges haben die Verschwörer Kontakte mit den westlichen Alliierten aufgenommen, auch mit Amerika; aber auch in Washington blieb die Regierung dabei, keinen Unterschied zwischen Deutschen und Nazis zu machen, obgleich dies für die Opposition von allergrößter Wichtigkeit gewesen wäre. Wider besseres Wissen wurde auch von den Amerikanern die Lüge aufrechterhalten, es gäbe keinen deutschen Widerstand und kein anderes Deutschland als das des Dritten Reiches – alle Deutschen seien Nazis.

Der Historiker Hans Rothfels, der 1938 in die USA emigrierte, berichtet in seinem Buch »Die deutsche Opposition gegen Hitler« über die Aktivitäten von Louis P. Lochner, der jahrelang Chef des Berliner Büros der »Associated Press« war. Lochner, der Kontakt mit Oppositionellen hatte, wurde – so Rothfels – eines Nachts geholt, um an einem Treffen von Gewerkschaftern, Mitgliedern der Bekennenden Kirche, des Zentrums sowie je einem Vertrauensmann von Admiral Canaris, dem Chef des Nachrichtendienstes, und Generaloberst Beck, dem Chef des Generalstabs, teilzunehmen.

Das Treffen fand im November 1941 – die deutschen Truppen standen vor Moskau – im Hause von Joseph Wirmer, einem ehemaligen Zentrumsabgeordneten, statt. Alle Anwesenden waren sich einig, daß ein Krieg zwischen Deutschland und Amerika kurz bevorstand;

darum wurde Lochner gebeten, er möge alles daransetzen, um nach seiner Rückkehr Präsident Roosevelt persönlich Bericht zu erstatten. Lochner sollte den Präsidenten von der Bereitschaft der Generale überzeugen, Hitler zu stürzen, und er sollte in Erfahrung bringen, welche Art von System in Deutschland für Washington annehmbar sein würde.

Lochners Versuche, von Roosevelt empfangen zu werden, schlugen immer wieder fehl. Schließlich schrieb er dem Präsidenten einen persönlichen Brief und erklärte, worum es ging. Die Antwort war, wie Rothfels schreibt, negativ. Lochner wurde nahegelegt, von seiner Bitte abzusehen, die ihrer Natur nach das Weiße Haus in größte Verlegenheit bringe.

Ähnlich fehl schlugen alle Bemühungen bei den Engländern. Sowohl Hans Schönfeldt vom Weltrat der Kirchen wie auch Dietrich Bonhoeffer, die unabhängig voneinander mit konkreten Einzelheiten dem Bischof von Chichester im neutralen Schweden die deutsche Lage vor Augen führten, blieben ohne Erfolg: Nach der Rückkehr nach London erstattete der Bischof dem Außenminister Anthony Eden ausführlichen Bericht und legte ihm die schriftliche Aufzeichnung von Dr. Schönfeldt vor.

Eden erklärte, daß bereits andere Friedensfühler über neutrale Länder das »Foreign Office«

erreicht hätten, daß aber Verhandlungen ohne Beteiligung der Amerikaner und Russen nicht möglich seien. Am 17. Juli 1942 wurde der Bischof schließlich vom »Foreign Office« benachrichtigt, daß »die Sache zu den Akten gelegt« sei. Offenbar wollten die Alliierten verhindern, daß Hitler durch Aktion der Deutschen gestürzt würde.

Sowohl vor diesen Bemühungen wie nachher hat es immer wieder Versuche gegeben, die Alliierten zu mobilisieren: Botschafter Ulrich von Hassell, der frühere Oberbürgermeister von Leipzig, Goerdeler, Adam von Trott, Fritz-Dietlof Schulenburg, sie alle haben immer wieder unter Lebensgefahr ihre Freunde in England und Amerika alarmiert. Außerdem hatte Alan Dulles, der im November 1942 in die Schweiz übersiedelte und dort die Leitung des »Office of Strategic Services« (OSS) übernahm, jede Möglichkeit, die Entwicklung in Deutschland zu beobachten, denn der deutsche Widerstand war sehr bemüht, enge Beziehungen zu ihm – dem Bruder des Außenministers Foster Dulles – zu unterhalten. Aber alle Versuche, die Alliierten zur Mitwirkung zu gewinnen, waren umsonst.

Am Abend des 20. Juli schloß Washington sich dann der Interpretation Adolf Hitlers an, indem der Sprecher des Präsidenten jene offizielle Lüge von der »kleinen Clique ehrgeiziger Offiziere« wiederholte. Ganz unverständlich bleibt auch Churchill, der am 2. August 1944 im Unterhaus erklärte, es handele sich bei den Vorgängen des 20. Juli lediglich »um Ausrottungskämpfe unter den Würdenträgern des Dritten Reichs«. Vermutlich wollte Churchill nicht nur Hitler erledigen, sondern ein für allemal die Macht der Deutschen brechen.

Selbst gegen Kriegsschluß vertrat die Propaganda der Alliierten weiter die gleiche Linie: Einem amerikanischen Journalisten, der in Europa recherchierte, wurde, wie Rothfels schreibt, Anfang 1945 verboten, über eine »spezifische Opposition gegen Hitler« zu berichten; und noch nach Beendigung des Krieges sei Schlabrendorffs Buch »Offiziere gegen Hitler«, das 1946 in der Schweiz erschien und das den militärischen Widerstand dokumentierte, einem amerikanischen Korrespondenten vorsichtshalber weggenommen worden.

Am 9. August 1944 schrieb die »New York Times«, daß das Attentat eher an »die Atmosphäre einer finsteren Verbrecherwelt« erinnere als an die, welche man »normalerweise in dem Offizierscorps eines Kulturstaates« erwarten würde. Die Zeitung war besonders empört darüber, daß einige der höchsten Offiziere der deutschen Armee sich während eines ganzen Jahres mit dem Plan beschäftigt hatten, »das Oberhaupt des Staates, das doch zugleich Oberkommandierender

der Armee war, zu entführen oder zu töten«. Und dies auch noch »mit einer Bombe, der typischen Waffe der Verbrecherwelt!«

Am gleichen Tag stellte die »Herald Tribune« fest: »Amerikaner werden im allgemeinen nicht bedauern, daß die Bombe Hitler verschont hat, auf daß er selber nun seine Generale erledigen kann. Amerikaner haben nichts übrig für Aristokraten und schon gar nicht für diejenigen, die dem Stechschritt huldigen...«

Wie hätte wohl unter solchen innen- und außenpolitischen Voraussetzungen die Dimension jener Ereignisse in ihrer ganzen Tiefe dem Volk deutlich werden und in seiner Seele Wurzeln schlagen können? Dabei handelte es sich um das größte Opfer, das jemals führende Vertreter irgendeiner Nation um der Moral, des Rechts und der Freiheit willen erbracht haben. Niemand kann sich heute vorstellen, was es bedeutete, sein Vaterland zu lieben und dennoch seine Niederlage zu wünschen.

Hatte zunächst Hitlers Terror verhindert, daß sich Informationen über das, was am 20. Juli wirklich geschehen war, in der Bevölkerung verbreiteten, so waren es danach die Alliierten, die dafür sorgten, daß der 20. Juli keinen Platz im Herzen der Bürger fand. Damals aber hätte das von den Siegern besetzte, verängstigte Volk eine Anerkennung deutschen Widerstandes durch die

Allierten gierig aufgegriffen, und den Hingerichteten wäre vermutlich die allgemeine Verehrung sicher gewesen. Auch hätte dies ein sehr geeignetes Thema für die »Reeducation« sein können.

In den folgenden Jahren waren die Deutschen dann nur noch mit sich selbst und mit den Sorgen der Gegenwart beschäftigt. Als schließlich Historiker und Journalisten begannen, sich mit jenem Ereignis auseinanderzusetzen, tauchte sehr schnell die argwöhnische Frage auf: Was wollten denn diese vielen Grafen und Adligen eigentlich? Ja, was wollten sie?

Es ist wichtig, sich vor Augen zu halten, daß die Opposition gegen Hitler ja keine Revolte im Sinne einer politischen oder sozialen Revolution war. Es war vielmehr der Aufstand hoher und höchster Staatsdiener sowie angesehener Persönlichkeiten des öffentlichen Lebens, die aus moralischen Gründen den Verbrechern in den Arm zu fallen versuchten. Denn eines war sehr bald klargeworden: Ein totalitäres Regime kann im Frieden nur von innen bekämpft werden, und Erfolg kann ein solches Unternehmen nur haben, wenn auch Leute an den Schaltstellen der Macht sitzen, die zum Widerstand gehören.

Neben den Technokraten, die die Hebel bedienten, waren auch Vertreter des geistigen Establishments unentbehrlich, weil der Zusammenhang mit religiösen und philosophischen Grundfragen der menschlichen Existenz bei einem Problem wie dem Tyrannenmord für die Opposition zur Rechtfertigung ihres Tuns von großer Bedeutung war.

In Berlin gab es eine Einrichtung, die schon aus dem 19. Jahrhundert stammte, die sogenannte »Mittwochs-Gesellschaft«. Ihr gehörten jeweils nur 16 Mitglieder an: die bedeutendsten Wissenschaftler des Landes sowie angesehene Persönlichkeiten des öffentlichen Lebens. Man traf sich zweimal im Monat, wobei einer der Betreffenden über sein Spezialgebiet referieren mußte.

Von diesen 16 Persönlichkeiten sind vier von den Nazis hingerichtet worden: General Ludwig Beck, Finanzminister Johannes Popitz, Botschafter Ulrich von Hassell und Carl Goerdeler. Ein fünfter, der Universitätsprofessor Werner Weissbach, wurde zur Emigration gezwungen, mit der bemerkenswerten Begründung, für Leben und Zukunftsentwicklung des deutschen Volkes sei es wichtig, die Verbundenheit der Art und des Blutes zu pflegen – wörtlich hieß es: »Durch Ihre Eigenschaft als Nicht-Arier sind Sie außerstande, eine solche Verpflichtung zu empfinden und anzuerkennen.«

Der Widerstand im Dritten Reich war also

eine Sache der Qualität und nicht der Quantität. Aber es ist interessant, sich doch ein paar Zahlen zu vergegenwärtigen. Nach dem 20. Juli 1944 wurden insgesamt etwa zweihundert Personen hingerichtet, darunter 19 Generale, 26 Obersten und Oberstleutnants, zwei Botschafter, sieben Diplomaten, ein Minister, drei Staatssekretäre sowie der Chef der Reichskriminalpolizei; ferner mehrere Oberpräsidenten, Polizeipräsidenten, Regierungspräsidenten.

Aber auch unabhängig von allen Staatsstreichversuchen wütete der Terror. Für das Jahr 1943 hat das Justizministerium 5 684 Exekutionen registriert, für 1944: 5 764. Doch berücksichtigen diese Zahlen nur die offiziellen Hinrichtungen; daneben gab es auch halboffizielle und inoffizielle.

Während der ersten Jahre waren es Scharfrichter, die die Hinrichtungen vollzogen; als sie die Arbeit nicht mehr bewältigen konnten, wurden Guillotinen eingesetzt. Der »weitschauende Führer« hatte schon 1933 zwanzig Stück bestellt. Sie wurden, wie Pölchau in seinem Buch »Die Ordnung der Bedrängten« schreibt, von den Insassen des Gefängnisses Tegel hergestellt.

Deutsche jeder Couleur: Konservative, Sozialisten, hohe Militärs, führende Zivilisten haben jahrelang unter ständiger Lebensgefahr gegen alle Widrigkeiten des Schicksals und des totalitären Staates daran gearbeitet, ein Netz von oppositionellen Stützpunkten über das Land zu spannen, um den Diktator zu stürzen. Nicht als Revolutionäre, die eine ihnen gefällige, angeblich die Menschheit beglückende neue Ordnung errichten wollten, sondern weil sie nicht länger mitansehen konnten, wie Verbrecher ihr Land und die Nachbarländer zerstörten, das eigene Volk korrumpierten, alle positiven Eigenschaften pervertierten und die Reinhaltung der Rasse als höchstes ethisches Ziel postulierten.

In einem Satz hat es Peter Yorck vor dem Volksgerichtshof im Angesicht des tobenden Richters Roland Freisler formuliert: »Die entscheidende Tatsache ist der totalitäre Anspruch des Staates an den Bürger, der gezwungen wird, seine moralischen und religiösen Verpflichtungen gegenüber Gott preiszugeben.«

Ein dichtes Netz von Oppositionellen zu knüpfen war notwendig, um einigermaßen dem Geflecht zu entsprechen, mit dem Partei, Gestapo, SS und SA das Land überzogen hatten. Nur mit einem Coup hätte dieses System nicht beseitigt werden können; irgendein Gauleiter hätte genügt, um einen wilden Bürgerkrieg zu entfesseln.

Aber welche Schwierigkeiten, welche Sorgen und Ängste: Wie leicht konnten von einem, der geschnappt und gefoltert wurde, die Namen der anderen erpreßt werden – darum durfte jeder nur das für ihn Allernotwendigste wissen. Schlabrendorff, der wundersamerweise überlebt hat, schildert die Folterungen, die er zu erdulden hatte:

»Die erste Stufe bestand darin, daß meine Hände auf den Rücken gefesselt wurden. Dann wurde über beide Hände eine Vorrichtung geschoben, die alle zehn Finger einzeln umfaßte. An der Innenseite dieser Vorrichtung waren eiserne Dornen angebracht, die auf die Fingerwurzeln einwirkten. Mittels einer Schraube wurde die ganze Maschinerie zusammengepreßt, so daß sich die Dornen in die Finger einbohrten.

Die zweite Stufe war folgende: Ich wurde auf eine Vorrichtung gebunden, die einem Bettgestell glich, und zwar mit dem Gesicht nach unten. Eine Decke wurde mir über den Kopf gelegt. Dann wurde über jedes der bloßen Beine eine Art Ofenrohr gestülpt. Auf der Innenseite dieser beiden Röhren waren Nägel befestigt. Wiederum war es durch eine Schraubvorrichtung möglich, die Wände der Röhren zusammenzupressen, so daß sich die Nägel in Ober- und Unterschenkel bohrten.

Für die dritte Stufe diente als Hauptvorrich-

Fabian von Schlabrendorff, ein besinnungslos mutiger Mann und zuverlässiger Verbündeter von Henning von Tresckow, dem Chef der Planung des Staatsstreichs. Er wurde in der letzten Phase des Krieges zusammen mit prominenten Politikern: einem Verwandten Churchills, einem Neffen Molotows, Léon Blum, Pfarrer Niemöller, Goerdeler, dem österreichischen Exbundeskanzler Schuschnigg in das Alpengebiet verbracht, wo sie von den Alliierten befreit wurden.

tung das ›Bettgestell‹. Wie vorher war ich auf dieses gefesselt, während der Kopf mit einer Decke zugedeckt war. Dann wurde das Gestell mittels einer Vorrichtung entweder ruckartig oder langsam auseinandergezogen, so daß der gefesselte Körper gezwungen war, die Bewegung dieses Prokrustes-Bettes mitzumachen.

In der vierten Stufe wurde ich mittels einer besonderen Fesselung krumm zusammengebunden, und zwar so, daß der Körper sich weder rückwärts noch seitwärts bewegen konnte. Dann schlugen der Kriminalassistent und der Wachtmeister mit dicken Knüppeln von rückwärts auf mich ein, so daß ich bei jedem Schlag vornüber fiel und infolge der auf dem Rücken gefesselten Hände mit aller Gewalt auf Gesicht und Kopf schlug. Während dieser Prozedur gefielen sich alle Beteiligten in höhnenden Zurufen. Die erste Folterung endete mit einer Ohnmacht.«

Schlabrendorff war stolz, daß er standgehalten und keinen Namen preisgegeben hat.

Wie oft geschah es, daß eine Schlüsselfigur, die angeworben worden war und die sich verpflichtet hatte, plötzlich versetzt wurde. Dann mußte die Suche nach einem zuverlässigen Ersatz von neuem beginnen. Und wie oft – mehr als ein dutzendmal – mußte das Attentat, das bis in alle Einzelheiten vorbereitet war, im letzten Moment gestoppt werden, weil »der Führer« statt der vorgesehenen vierzig Minuten nur zehn Minuten blieb; oder weil er bei der angesagten Veranstaltung gar nicht erst erschien; oder weil der Zünder in den mit Sprengstoff gefüllten Cognacflaschen, die Schlabrendorff in Hitlers Flugzeug geschmuggelt hatte, nicht funktionierte.

Es gab immer wieder solche Fälle – Eberhard Zeller berichtet in seinem Buch »Geist der Freiheit« ausführlich über Schlabrendorffs Cognacflaschen. Er schreibt: »Im März 1943 hatte Hitler sich zu einem Besuch bei der Heeresgruppe Mitte angesagt. Hitler kam, und der Besuch verlief planmäßig, im Dienstzimmer Kluges fand die Besprechung statt, an der Tresckow mit den Armeeführern teilnahm. Eine Sprengung wäre hier gut möglich gewesen, aber damit wären die Häupter der ganzen Heeresgruppe zugrunde gegangen, auf die man im Gefahrenaugenblick des Umsturzes nicht verzichten konnte. Dasselbe galt vom gemeinsamen Mittagessen. Hitler aß, was ihm sein mitgebrachter Koch bereitete und sein mitgebrachter Leibarzt vorkostete.

Während des Essens sprach Tresckow mit einem der Begleiter Hitlers, mit Oberst Brandt, und fragte ihn beiläufig, ob er bereit sei, ein kleines, aus zwei Cognacflaschen bestehendes Paket für Oberst Stieff ins Oberkommando mitzunehmen. Brandt bejahte. Inzwischen war an einen Mitarbeiter Osters, Hauptmann Gehre, nach

Berlin das Stichwort gegeben worden, das die baldige »Auslösung« ankündigte. Von Gehre lief der Weg der Vorwarnung über Hans Dohnanyi zu Oster, von ihm zu Friedrich Olbricht. Nach dem Mittagessen fuhr Hitler, von Kluge und Tresckow begleitet, zum Flugplatz zurück. Dort wartete Schlabrendorff mit dem vorbereiteten Paket in seiner Aktentasche. Als Hitler die Offiziere der Heeresgruppe verabschiedet hatte und sich zum Flugzeug wandte, betätigte Schlabrendorff die Zündung und gab das Paket auf einen Wink Tresckows an Oberst Brandt, der es an sich nahm und hinter Hitler in das Flugzeug stieg. Kurz darauf erhob sich das Flugzeug Hitlers und hinter ihm das zweite mit seiner weiteren Begleitung, gefolgt von einigen Jägern, zum Flug nach Ostpreußen. Tresckow fuhr zurück im Gespräch mit Kluge, der von dem Vorgang nichts wußte, Schlabrendorff gab ein neues Stichwort an Gehre nach Berlin...«

Die Schilderung läßt die ungeheure Spannung jener Augenblicke nachempfinden. Man weiß, im Flugzeug reist jenes unscheinbare Paket mit, in dem lautlos die Säure am Draht nagt, der bald brechen und den Schlagbolzen preisgeben muß. Dreißig Minuten nach Abflug muß das gepanzerte Flugzeug in der Luft zerschellen, und man wird vielleicht nie mehr etwas vom »Führer« finden. Man wird von einem Unglück sprechen,

Kluge wird freie Hand haben, in der Erschütterung wird sich der vorgeplante Wandel vollziehen. Die halbe Stunde vergeht – keine besondere Flugnachricht. Nach zwei Stunden endlich meldet das Hauptquartier den »Führer« als gelandet, der sich an seine Geschäfte begibt. Schlabrendorff widerrief in Berlin die »Auslösung«.

Schien es schlimm genug, daß der Anschlag mißglückt war, so hätte seine Entdeckung den Tod nicht nur für Tresckow und Schlabrendorff, sondern für einen weiten Kreis wichtigster Mitwisser bedeutet – der Empfänger des Pakets, Oberst Stieff, war zu jener Zeit noch nicht eingeweiht. Nach einiger Überlegung entschloß sich Tresckow, Oberst Brandt anzurufen und ihn zu bitten, das Paket nicht auszuhändigen, da eine Verwechslung unterlaufen sei, am nächsten Tag werde es gegen ein anderes ausgetauscht. Aus der Antwort war zu ersehen, daß noch nichts damit geschehen war. Schlabrendorff nahm es auf sich, am nächsten Tag unter irgendeinem militärischen Vorwand im üblichen Kurierflugzeug zum Hauptquartier zu fliegen. Er ging zu Oberst Brandt und wechselte das Paket gegen ein anderes aus, das nun wirklich zwei Cognacflaschen enthielt...

»Noch heute spüre ich die Besorgnis in mir«, schreibt Schlabrendorff, »als mir der Begleiter Hitlers, nicht ahnend, was er in der Hand hatte, lachend die Bombe überreichte und dabei das Paket so heftig hin und her bewegte, daß man hätte fürchten müssen, die Bombe werde noch nachträglich explodieren, da die Zündung ja in Gang gesetzt war.« Im Schlafwagen nach Berlin schloß sich Schlabrendorff ein und öffnete mit einer Rasierklinge das Paket: Die Säure war ausgetreten, der Draht zernagt, der Schlagbolzen nach vorne geschlagen, aber das Zündhütchen hatte sich aus einem unerfindlichen Grund nicht entzündet, die beiden Ladungen waren unversehrt.

Aber die Verschwörer ließen sich nicht entmutigen. Noch im gleichen Monat, im März 1943, bot sich eine neue Gelegenheit, die Tresckow wahrzunehmen beschloß: Es stellte sich heraus, daß Hitler bei der alljährlichen Heldengedenkfeier am 21. 3. 1943 im Zeughaus teilnehmen werde und daß er die Gästeliste selber festlegen wolle. Rudolf von Gersdorff, Ic bei Treskkow, war ausersehen worden, die Führung durch die Ausstellung zu übernehmen; nach eingehender Rücksprache mit Tresckow erklärte er sich bereit, das Attentat unter Einsatz seines Lebens auszuführen.

In seinem Buch »Soldat im Untergang« schildert Gersdorff den Verlauf dieser Veranstaltung: »Hitler wurde von Himmler, Keitel, Dönitz, Schmundt sowie von zwei oder drei Ordonnanzoffizieren begleitet. In der Tür zum Eingang der

Rudolf von Gersdorff als Ic bei der Heeresgruppe Mitte, wo er, neben Tresckow und Schlabrendorff, der Kern des Widerstandes war. Im März 1943 hatte er es übernommen, sich bei der Feier zum Heldengedenktag zusammen mit Hitler in die Luft zu sprengen: Die Veranstaltung war auf dreißig Minuten veranschlagt, die Zünddauer der Bombe betrug zehn Minuten, aber Hitler entschwand schon nach drei Minuten.

Ausstellung wandte Hitler sich plötzlich um und sagte: ›Herr Feldmarschall von Bock, ich bitte Sie als ehemaligen Oberbefehlshaber der Heeresgruppe Mitte sich mir anzuschließen.‹ Bock quittierte mit einer etwas übertriebenen Verbeugung und betrat zusammen mit seinem Begleitoffizier, Major d. R. Hans-Carl Graf Hardenberg, den Raum. Diesen Augenblick, als die Aufmerksamkeit aller auf Hitler, Bock und Hardenberg gerichtet war, benutzte ich, um den Zünder der Clam-Haftmine, die in meiner linken Manteltasche steckte, zu betätigen. Die andere befand sich in meiner rechten Manteltasche, aber ich hatte, wie auch meine beiden Nachbarn, der Museumsdirektor und Generalfeldmarschall Model, den rechten Arm bereits zum deutschen Gruß erhoben.

Hitler begrüßte nur Model mit Handschlag, dann begann der Rundgang, wobei ich mich dicht an Hitlers linke Seite drängte. Als ich Erklärungen zu verschiedenen Ausstellungsstücken abgeben wollte, hörte Hitler offensichtlich gar nicht zu. Auch als ich ihn auf einen napoleonischen Adler aufmerksam machte, den deutsche Pioniere beim Brückenbau über die Beresina im Flußbett gefunden hatten, erhielt ich keine Antwort. Statt dessen ging – oder besser gesagt, lief – Hitler auf kürzestem Weg in die Richtung des seitlichen Ausgangs...«

Nach dem Krieg erfuhr man, daß die BBC die ganze Feier mitgeschnitten hatte; es stellte sich heraus, daß die Zeit von Hitlers Eintreten bis zum Verlassen des Zeughauses nur wenige Minuten betragen hatte. »In jedem Fall war das für die Zünddauer von zehn Minuten zu kurz – ich bemühte mich also, im nächstgelegenen WC meinen Zünder loszuwerden«, schreibt Gersdorff.

Keiner, der nicht das Leben in einem totalitären Regime erlebt hat, kann sich vorstellen, welcher Nervenanspannung die aktiven Verschwörer über Jahre ausgesetzt waren. Nicht nur die schwer lastende Verantwortung für Gelingen oder Mißlingen, also für Rettung oder Untergang Deutschlands, auch die Sorge, was ihrer Familie zustoßen werde, wenn das Unternehmen vorzeitig entdeckt würde, war eine schwere Belastung. Es war wirklich der »Aufstand des Gewissens« in Deutschland, auch wenn Churchill von Ausrottungskämpfen unter den Würdenträgern des Dritten Reiches sprach und die »New York Times« die Vorstellung von einer finsteren Verbrecherwelt zu erwecken suchte. Dennoch: Die Tatsache, daß ein so einzigartiger Aufstand des Gewissens nicht tiefer in das Bewußtsein der Deutschen eingesickert ist, bleibt – auch wenn dies erklärbar ist – immer noch unbegreiflich.

Genauso unbegreiflich war ja auch die Machtergreifung des Nationalsozialismus gewesen, ausgerechnet in dem Land, das Immanuel Kants Heimat war, wo Goethe, Leibniz und Humboldt gelebt haben, in dem Marx, Einstein und Freud wirkten – jene drei, die die Welt im 20. Jahrhundert mehr beeinflußt haben als viele andere. Wie war es möglich, daß dieses Land, welches lange Zeit als das geistige Laboratorium Europas galt, eine Beute jener primitiven Ideologie geworden ist?

Es war möglich, weil das Verbrecherische an dem System von der Mehrzahl des Volkes zunächst überhaupt nicht wahrgenommen wurde und weil die propagierten Ziele so ideal erschienen, daß sich viele der Bewegung mit Begeisterung anschlossen: Endlich ging es wieder voran, Autobahnen wurden gebaut und Wohnungen, die Besetzung des Rheinlands durch die Siegermächte aufgehoben, Österreich und das Sudetenland kampflos »heim ins Reich« geführt. Die Kette der Erfolge riß nicht ab, und der Terror nahm ständig zu.

Wer jene Zeit heute, an seinem Schreibtisch sitzend, aus Akten und Dokumenten zu verstehen sucht, dem kommen viele Fragen und Einwendungen: »Warum haben die sich viel zu spät entschlossen – erst als der Krieg verloren war...?« (Was nicht stimmt.) Oder: »Warum haben sie nicht dies oder das getan?« Sehr einfach – weil dies oder das unter den Augen von Tausenden von Spitzeln und Denunzianten nicht möglich war; weil das Netz von Funktionären, mit dem die Partei das Land vom kleinsten Dorf bis hinauf nach oben überzogen hatte, äußerste Geheimhaltung notwendig machte.

Man muß sich auch daran erinnern, daß Hitler als eine Art Erlöser – wirklich als Erlöser im religiösen Sinn – auf das Volk wirkte. Auch dies kann wohl nur der verstehen, der die Zeit miterlebt hat: Die Zahl der Kommunisten und Nazis hatte seit Beginn der Weltwirtschaftskrise beständig zugenommen, so daß es schließlich keine regierungsfähige Mitte mehr gab. Die Nationalsozialistische Partei ist proportional zur Wirtschaftsmisere ständig gewachsen: 1929 hatte die Partei erst zwölf Abgeordnete im Reichstag, im September 1930 wurden es mit einem Schlag 107 und knapp zwei Jahre später, im Juni 1932, zogen 230 Nationalsozialisten ins Parlament.

Kein Wunder, die Misere war ebenso groß wie die Hoffnung auf einen Wunderdoktor: Millionen waren seit der Inflation verarmt; gehungert wurde allenthalben, die sechs Millionen Arbeitslosen, deren Unterstützung kaum der Rede wert war, stellten mit ihren Familien etwa ein Viertel der gesamten Bevölkerung. Tagtäglich gab es Schlägereien zwischen Nazis und Kommunisten, in Straßen und Hinterhöfen floß Blut. Vor den Arbeitsämtern und Wohlfahrtsküchen kilometerlange Schlangen. In dieser dunklen Zeit gab es weder bei den Sozialdemokraten noch bei den Deutschnationalen irgendeinen Politiker, der ein Rezept gehabt hätte – Hoffnung versprach allein Hitler.

Ich selber habe sehr früh einen Eindruck von Hitler bekommen, der sich mir tief eingeprägt hat. Es war 1928. Ich war achtzehn Jahre alt, Oberprimanerin in Potsdam. Unter den Mitschülern – ich war das einzige Mädchen in der Klasse – gab es zwei besonders lebendige, politisch interessierte Jungen, die den Pfadfindern angehörten und die sich für eine neue Partei begeisterten: die Nationalsozialistische Deutsche Arbeiterpartei, deren Führer, Adolf Hitler, ihnen sehr imponierte. Sie rieten mir dringend, dieser Partei beizutreten. Ich war politisch sehr interessiert und dachte: Sozialismus und Nationalismus, das ist eigentlich eine sehr einleuchtende Kombination.

So nahm ich die erste Gelegenheit wahr, Hitler zu erleben. Es hieß, er werde in irgendeinem obskuren Saal in Berlin reden. Ich fuhr also von Potsdam nach Berlin und beobachtete aus nächster Nähe, wie Hitler vor den begeisterten Zuhörern tobte und geiferte. Seine Argumente schienen mir ganz und gar nicht überzeugend und das Ganze, einschließlich des Publikums, abstoßend.

Für mich war diese Partei samt ihrem Führer damit erledigt, und ich konnte meinen Freunden nach Rückkehr nur melden: »Ohne mich!«

Ich hatte es also leicht gehabt, mir ein Urteil zu bilden, denn ich hatte ja die Fakten – vielmehr das Faktum – mit eigenen Augen gesehen. Aber viele andere, deren Vorstellungen von allerlei Legenden gespeist wurden und die unbedingt jemanden brauchten, an den sie ihre Hoffnungen knüpfen konnten, in einer Zeit, die ganz und gar ohne Perspektive schien, waren sehr viel schlechter dran.

Bald darauf erlebte ich zufällig und zum ersten Mal, daß einige Männer einander nach Verschwörerart mit dem Namen ihres Führers – »Heil Hitler!« – begrüßten. Damals lief es mir kalt den Rücken herunter: Das hatte es noch nie gegeben. Der Name eines Lebenden als Erkennungszeichen? Man hatte weder Heil Gandhi noch Heil Marx oder Heil XYZ je gehört. Blitzartig ging mir durch den Sinn: Der Mythos ist schon geboren, jetzt muß die Legende ihn nur noch landauf, landab verbreiten. Für mich war es leicht, eine Ahnung zu haben, aber diejenigen, die nicht die Fakten kannten, sondern sich allein auf vermittelte Vorurteile oder Illusionen verließen, für die war es schwierig.

Da waren die, die in der Inflation alles verloren, was sie im Leben zusammengespart hatten;

zum Zeitpunkt der Stabilisierung kostete ein Dollar 4,2 Billionen Reichsmark. Da waren die Offiziere, die meinten, durch den Zusammenbruch 1918 und die entwürdigenden Auflagen der Sieger ihrer Ehre beraubt zu sein; oder die vielen Leute, denen die Monarchie als die einzig verläßliche Regierungsform erschien und die die Demokratie verachteten. Sie alle sehnten sich nach einem starken Mann, der Ordnung schaffe.

Und da waren nicht zuletzt die Arbeiter, die seit der weltweiten Wirtschaftskrise, die 1929 begonnen hatte, in Massen ihren Arbeitsplatz verloren hatten; bis zum Jahr 1933 war die Zahl der Arbeitslosen, die von einer minimalen Unterstützung leben mußten, auf über sechs Millionen gestiegen. Die Besetzung des Rheinlandes durch die Franzosen, die dort aus offenkundigen Konkurrenzgründen viele Betriebe schlossen, so daß bald kein Schornstein mehr rauchte, hatte diese Krise noch verschärft. Desgleichen hatten die Brüningschen Notverordnungen und die strikte Deflationspolitik zu der allgemeinen Misere beigetragen. Die Klage um Deutschland erklang allenthalben, laut und vielstimmig.

Hitler hatte prophezeit, in drei Jahren werde er Vollbeschäftigung hergestellt haben, und tatsächlich brauchte er nicht viel länger.

Am 30. Januar 1939, also am sechsten Jahrestag seiner Machtergreifung, sagte er in einer

Rede vor dem Reichstag: »Am 30. Januar 1933 zog ich in die Wilhelmstraße ein, erfüllt von tiefer Sorge für die Zukunft meines Volkes. Heute, sechs Jahre später, kann ich zu dem ersten Reichstag Großdeutschlands sprechen. Sechs Jahre genügten, um die Träume von Jahrhunderten zu erfüllen.« Und in der Tat, er hatte, wie es damals hieß, »die Ketten von Versailles abgeschüttelt« und ein Wirtschaftswunder geschaffen, das dem späteren Wunder Ludwig Erhards in nichts nachstand.

Für die Generale der Wehrmacht hatte der »Führer und Reichskanzler« wenig Achtung. Schlabrendorff berichtet und der englische Militärschriftsteller Liddell-Hart bestätigt Hitlers Äußerungen, die er einigen Generalen gegenüber während eines Besuches bei der Heeresgruppe Mitte an der Ostfront gemacht hat:

»Als ich noch nicht Reichskanzler war, habe ich geglaubt, der Generalstab gleiche einem Fleischerhund, den man fest am Halsband halten müsse, weil er sonst jeden anderen Menschen anzufallen drohe. Nachdem ich Reichskanzler wurde, habe ich feststellen müssen, daß der deutsche Generalstab alles andere als ein Fleischerhund ist. Dieser Generalstab hat mich immer hindern wollen, das zu tun, was ich für nötig hielt. Der Generalstab hat der Aufrüstung, der Rheinlandbesetzung, dem Einmarsch in Österreich, der Besetzung der Tschechei und schließlich dem Krieg gegen Polen widersprochen. Der Generalstab hat mir abgeraten, gegen Frankreich offensiv vorzugehen und gegen Rußland Krieg zu führen. Ich bin es, der diesen Fleischerhund immer erst antreiben muß.«

Erfolg und Terror, diese Kombination war es, durch die Hitler zunächst gegen jeden Widerspruch gefeit war. Denn das zeigte sich: Kaum war er am 30. Januar 1933 an die Macht gekommen, wurde Terror entfesselt. Schon fünf Tage später, am 4. Februar, wurde eine Verordnung erlassen, die ein Versammlungs- und Presseverbot ermöglichte. Am 28. Februar – einen Tag nach dem Reichstagsbrand – wurden Grundrechte außer Kraft gesetzt, alle kommunistischen Abgeordneten und Funktionäre verhaftet und der Apparat der KPD zerschlagen. Am 23. März folgte dann das Ermächtigungsgesetz, das die Diktatur legalisierte. So konnte Goebbels bereits im März 1933 erklären: »Heute sind wir die Herren Deutschlands, und an dieser Tatsache wird sich auch nichts mehr ändern.« Es folgten die Auflösung und Enteignung der Gewerkschaften und bald darauf das Verbot aller Parteien, außer der NSDAP.

Die SA, die sich vor 1933 in den Straßen und Hinterhöfen blutige Schlachten mit Kommunisten und Sozialdemokraten geliefert hatte, stürzte sich nun haßerfüllt auf ihre ehemaligen Gegner und übte allenthalben eine unvorstellbare Schreckensherrschaft aus. Erst nach Monaten gelang es der Polizei, einen Teil der Leute zu befreien, die die SA – meist an geheimen Orten – folterte. Rudolf Diels (»Lucifer ante Portas«), der erste Chef der Gestapo, beschreibt eine solche »Marterhöhle« im vierten Stock der Gauleitung in Berlin: »Als wir eintraten, lagen diese lebenden Skelette reihenweise mit eiternden Wunden auf dem faulenden Stroh. Es gab keinen, dessen Körper nicht vom Kopf bis zu den Füßen die blauen, gelben und grünen Male der unmenschlichen Prügel an sich trug. Bei vielen waren die Augen zugeschwollen, und unter den Nasenlöchern klebten Krusten geronnenen Blutes. Es gab kein Stöhnen und Klagen mehr, nur starres Warten auf das Ende oder auf neue Prügel. Jeder einzelne mußte auf die bereitgestellten Einsatzwagen getragen werden, sie waren des Gehens nicht mehr fähig. Wie große Lehmklumpen, wie seltsame Puppen mit toten Augen und wackelnden Köpfen hingen sie wie aneinandergeklebt auf den Bänken der Polizeiwagen. Die Schutzpolizisten hatte der Anblick dieser Hölle stumm gemacht.«

Die wenigsten Menschen haben übrigens bemerkt, daß im ersten Jahr der Hitler-Herrschaft bereits dreißig Konzentrationslager errichtet worden sind, in denen fast ausnahmslos Deutsche inhaftiert waren.

Als Hitler ein Jahr darauf, am 30. Juli 1934, den Putsch gegen Röhm inszenieren ließ, betrug die Zahl der Opfer 86 Tote – zugegeben wurden freilich nur 77, unter ihnen die Generale von Schleicher und von Bredow sowie Edgar Jung, der im Jahr 1933 ein Buch mit dem Titel »Die Herrschaft der Minderwertigen« veröffentlicht und außerdem Papens berühmte Marburger Rede geschrieben hatte. Die planmäßige Willkür und Brutalität dieser Morde hat damals einigen die Augen geöffnet, aber viele, denen die Fakten unbekannt waren und die auf die Vorstellung angewiesen blieben, die ihnen die Propaganda vermittelte, wollten die Wahrheit nicht für möglich halten.

Ich fuhr in jenen Tagen von Basel, wo ich studierte, nach Deutschland in die Ferien. In Frankfurt stiegen zwei Freunde in den Zug, die gleich mir in Königsberg studiert hatten. Sie kannten natürlich nur die amtliche Version über den Röhm-Putsch und waren entrüstet über das, was über Röhms Verhalten mitgeteilt wurde. Als ich meinen Bericht, der sich auf den englischen und den Schweizer Rundfunk stützte, zum besten gab, waren sie eher der Meinung, daß meine Version böswilliger Feindpropaganda entspreche, als zuzugeben, daß die ihre ein Greuelmärchen der Nazis sei. Dabei waren beide keine Hitler-Anhänger.

Der Terror ging weiter. Als im Jahr 1935 ein Manifest gegen die »Rassenmystik« von protestantischen Kanzeln verlesen wurde, wurden mehrere hundert Geistliche verhaftet. Die »Bekennende Kirche« war schon wegen der Hitlerschen Gründung der »Deutschen Christen« und wegen des Totalitätsanspruchs der Nazis an den Menschen in ständiger Opposition – Martin Niemöllers Predigten hat mancher noch in Erinnerung. Das gleiche gilt für die katholische Kirche. Der Erzbischof von Berlin, Graf Preysing, und der Bischof von Münster, Graf Galen, waren unerschrockene Oppositionelle, deren Reden wir vervielfältigten und sie von Hand zu Hand weiterreichten.

In Dachau waren viele katholische Priester, darunter sehr viele Ausländer, und eine Vielzahl evangelischer Geistlicher, fast ausnahmslos Deutsche, großen Leiden ausgesetzt. Ein katholischer Geistlicher, bei dem ein Verschwörer gebeichtet und der das auf diese Weise Erfahrene nicht angezeigt hatte, wurde hingerichtet.

* * *

Dies alles ist nun fünfzig Jahre her – ein halbes Jahrhundert liegt der Tag zurück, an dem aus allen Bereichen unserer Gesellschaft die Besten in einem Akt blinder Wut hingerichtet worden sind. Mit einigen von ihnen war ich eng befreundet. Ich habe sie gut gekannt und habe hin und wieder mit ihnen zusammen etwas für die gemeinsame Sache tun können. Nur über sie will ich im folgenden berichten.

Albrecht Graf Bernstorff
Ein Weltbürger, den die Nazis haßten

Ein Freund von mir, Albrecht Graf Bernstorff, der 1923 als Legationssekretär an die Botschaft nach London versetzt worden war und dort in den für Deutsche schweren Jahren nach dem Ersten Weltkrieg zum geachteten und beliebtesten Diplomaten deutscher Herkunft geworden ist, wurde als Botschaftsrat sofort nach der Machtergreifung zurückgerufen. Grund: Er war als Gegner des Systems bekannt. Gleich 1933 schied er auf eigenen Wunsch aus dem diplomatischen Dienst aus.

Vielleicht hatte sich eine Geschichte herumgesprochen, die der englische Diplomat und Schriftsteller Harold Nicolson berichtete. Nicolson stand mit einigen Parlamentariern beisammen, sie unterhielten sich darüber, wie und wer wohl Hitler klarmachen könne, daß die Geduld der Engländer nicht unbegrenzt sei. Albrecht Bernstorff, der zu der Gruppe getreten war, wurde um seine Meinung gefragt. Bernstorff – bekannt für raschen Witz und rücksichtslose Offenheit, auch englischen Freunden gegenüber – antwortete: »Ihr solltet einen Hauptfeldwebel der Grenadier Guards schicken...« – »Wieso denn das?« verwunderten sich die Engländer.

»Einfach, weil der Hauptfeldwebel den Hitler anherrschen könnte: Stehen Sie auf, Gefreiter, wenn ich mit Ihnen rede – und Adolf Hitler würde aufstehen.«

Es war sicher nicht diese Geschichte, sondern es waren ernsthafte oppositionelle Reden, die ihm zum Verhängnis geworden sind. Im Jahr 1940 wurde er ins KZ Dachau eingeliefert; nicht einmal Schwerin-Krosigk – immerhin ein amtierender Minister – konnte damals in Erfahrung bringen, weswegen er verhaftet worden war. Als Bernstorff nach sechs Monaten wieder herauskam, besuchte er mich in Ostpreußen. Er war bekannt für seine leichtfertigen Reden, über seine Dachauer Erfahrungen aber machte er nur wenige Andeutungen, und ich fragte ihn auch nicht, denn es waren Fälle bekanntgeworden, in denen entlassene Gefangene nach zwei Monaten wieder für Jahre im KZ verschwanden, weil sie über ihre Erlebnisse geredet hatten. Bernstorff, der 1943 zum zweiten Mal verhaftet wurde – genau in den Tagen, als Goebbels den totalen Krieg ausrief –, ist Ende April 1945, wenige Tage, bevor die Russen Berlin eroberten, im Gefängnis in der Lehrter Straße von den Nazis erschossen worden.

Roland Freisler, der Beherrscher des Volksgerichtshofs, hatte erklärt, er wolle es sich nicht nehmen lassen, Albrecht Bernstorff persönlich zu vernehmen. Aber dann wurde ihm die Möglichkeit dazu genommen: Während er – übrigens mit der Akte von Fabian von Schlabrendorff in der Hand – in roter Robe am Richtertisch saß, erschlug ihn ein Balken des nach einem Bombenangriff einstürzenden Hauses.

Albrecht Bernstorff gehörte nicht zum Kreis der Verschwörer, aber er verachtete und haßte die Nazis nicht weniger als jene. Er war ein Gleichgesinnter, der vielen Juden und anderen Verfemten geholfen hat. Sein Versuch, die Witwe Max Liebermanns über die Grenze in Sicherheit zu bringen, ist leider gescheitert; um der Verhaftung zu entgehen, hat die alte Dame daraufhin Gift genommen. Auch wenn Bernstorff kein aktiver Oppositioneller war, möchte ich hier doch über ihn berichten, weil sein Bild so sehr in diese Zeit gehört.

Lange ehe uns die gemeinsamen Erinnerungen an zahlreiche Pirschfahrten durch die herbstlichen Wälder meiner ostpreußischen Heimat und die Gespräche am Kamin seiner Berliner Wohnung freundschaftlich verbanden, war Albrecht Bernstorff für mich ein ganz bestimmter Begriff, der Typ des weltläufigen Gentleman aus einer längst vergangenen Epoche. Vielleicht lag das daran, daß wir einander in einer Zeit begegneten, in der alle Ordnung zerfiel und alle gewachsenen Begriffe sich auflösten. Vielleicht hat darum für mich das Bild eines in sich selbst und in einer bestimmten Kontinuität wurzelnden Menschen eine gewisse historische Allgemeingültigkeit bekommen.

Ich sah ihn zum ersten Mal an einem Sommerabend des Jahres 1934. Gehört hatte ich aber schon viel von ihm, ehe der Einbruch der Nazis in den Bereich der Frankfurter Universität mich unsanft aus einem Freundeskreis riß, in dem Albrecht Bernstorff häufig und mit Bewunderung als einer der ersten Diplomaten erwähnt worden war, der bei Anbruch des Dritten Reiches sofort den Dienst quittiert hatte.

Zu den Semesterferien aus Basel heimwärts reisend, aß ich an jenem Abend in Berlin mit dem jungen Bankier Schwabach in einem Restaurant am Kurfürstendamm. Am Nebentisch wurde verhältnismäßig laut und ungeniert über die Hintergründe des Röhm-Putsches am 30. Juni 1934 gesprochen. Ich war fasziniert von diesem Gespräch. Die wenigsten Menschen in Deutschland, so schien es mir damals, sahen durch den dichten Schleier von Furcht und Gerüchten, Legende und propagandistischer Entrüstung über die angebliche Felonie alter Kämpfer hindurch. Hier aber gab jemand, der in einer merkwürdigen Mischung von Gelassenheit und Entrüstung, Trauer und Zynismus über den Untergang Deutschlands sprach, eine glasklare Analyse der Ereignisse. »Das da neben uns ist Albrecht Bern-

Albrecht Bernstorff war betont liberal und demokratisch. Darum entschloß er sich 1933, aus dem diplomatischen Dienst auszuscheiden. Er ging - seine Unabhängigkeit beweisend - als Berater zu dem jüdischen Bankhaus Wassermann. Er war kein Angehöriger des Widerstands, dachte aber wie die Freunde; zweimal war er im KZ, beim Einmarsch der Russen wurde er von der Gestapo umgebracht.

storff«, sagte mein Partner, der bemerkt hatte, daß das Gespräch am Nebentisch mich immer wieder in seinen Bann zog.

Das also war Albrecht Bernstorff! Ein großer, schwerer Mensch, der trotz seiner düsteren Prognosen mit einer gewissen Heiterkeit und genießerischem Bedacht seinen Rotwein schlürfte, offenbar entschlossen, sich in seiner persönlichen Lebensform nicht beirren zu lassen. Auf den ersten Blick erinnerte er ein wenig an den üblichen Typ des Landedelmanns. Vielmehr war er von jener weltläufigen, schwer definierbaren Art, die eigentlich zu einer Epoche gehörte, in der die Bindungen innerhalb dieses Standes über alle Grenzen hinweg stärker waren als die nationalen Zuordnungen eines volksbewußten Zeitalters.

Er mochte Deutscher sein, hätte aber ebensowohl Schwede oder Engländer sein können. Und wenn er auch gewiß nicht die Vision von Schwert- und Schlachtenruhm heraufbeschwor, so erinnerte doch irgend etwas an das ritterliche Jahrhundert des Prinzen Eugen, der einmal in einer Ansprache vor adligen Offizieren gesagt hatte: »Meine Herren, Sie haben nur dann eine Lebensberechtigung, wenn Sie beständig auch in der größten Gefahr als Beispiel wirken, aber in so leichter und heiterer Weise, daß es Ihnen niemand zum Vorwurf machen kann.«

Viel später, als ich dann zum ersten Mal zu

ihm nach Stintenburg fuhr, auf diesen einzigartigen Besitz mitten im Schaalsee, wurde das alles noch sehr viel deutlicher. Eine lange Allee mit holprigem Kopfsteinpflaster – eine Auffahrt wie sie zu unzähligen Landsitzen führt, von Kurland über Ostpreußen, Pommern, Mecklenburg bis weit nach Frankreich hinein – mündete schließlich vor einem großen, einfachen Landhaus. Der blaue See im Hintergrund und am Horizont die bewaldeten Konturen des jenseitigen Ufers, grüner Rasen, ein Park, der allmählich in Wald überging, und irgendwo nahebei die Geräusche des Gutshofes. Jahrhunderte hindurch war das die Welt, in der jene unabhängigen Persönlichkeiten heranwuchsen, die dann später in Krieg und Frieden die Geschicke ihres Landes lenkten. So war es in England, in Deutschland, in der habsburgischen Monarchie, auch im zaristischen Rußland gewesen.

Als ich mit gleichgesinnten Freunden von der Frankfurter Universität, zu denen Ernst Kantorowicz und Kurt Riezler gehörten, die beide bald darauf emigrierten, 1934 zum ersten Mal in Stintenburg war, schien der Krieg noch sehr fern, und doch geisterte er und alles, was sich in seinem Gefolge abspielen würde, ab und an durch unsere Gespräche. Eigentlich war allen deutlich, daß dies nurmehr ein Inseldasein sein mochte, eine zufällige Existenz inmitten eines unabsehbaren Ozeans. Eines Tages würden neue Stürme den Ozean in Aufruhr versetzen, er würde gierig über die letzten Inseln herfallen und auch dieses Eiland verschlingen.

Es war gerade Pfingsten – sonnenüberstrahlte Feiertage, die zwischen Segeln, Fischen, Jagen und vielen Gesprächen nur allzu rasch verrannen. Darum war niemand geneigt, solch wehmütigen Gedanken allzu lange nachzuhängen. So kommt es, daß mir das Bild dieses Besitzes im Herzogtum Lauenburg – und auf diese geographische Spezifizierung war Albrecht Bernstorff besonders stolz, bedeutete es doch, daß Stintenburg nirgends ganz in die neue Gau-Schematisierung des Dritten Reiches eingeordnet werden konnte –, daß mir also das Bild von Stintenburg, anders als die Erinnerung an meine östliche Heimat, völlig unverletzt und sehr lebendig vor Augen steht.

Deutlich erinnere ich mich jenes ersten Pfingstfeiertags. Ich begleitete den Hausherrn zur Kirche des nächsten Dorfes, deren Patron seine Familie seit Jahrhunderten gewesen war. Wir gingen durch den von der Morgensonne beschienenen feierlichen Wald und blieben immer wieder stehen: »Hier, diese riesigen Lärchen habe ich gepflanzt, bevor ich als junger Attaché nach Wien ging und dort die letzte Phase des kaiserlichen Wien erlebte; und hier haben wir einige

Jahre später, bevor ich nach London an die Botschaft kam, Versuche mit japanischem Samen gemacht, und da, wo jetzt das Stangenholz steht, habe ich meinen ersten Hirsch geschossen, als dort noch Hochwald war.«

Mit großer Liebe hingen seine Augen an den wechselnden Partien, dem lichten Grün der Buchen und Lärchen und dem geheimnisvollen Dunkel der Kiefern und Fichten. Und so wie man die Jahre und wechselnden Zeiten an den Zuwachsringen der Bäume ablesen kann, so spiegelte sich sein Leben in dieser Landschaft wider. Verwoben mit ihr trug er ihr Bild mit sich in die fremden Länder und Städte, in denen er lebte, und brachte etwas von der Weite der Welt und seinem diplomatischen Beruf zurück in dieses stille Refugium am Schaalsee.

Ein paar Bauern begegneten uns auf dem Weg und wurden mit jener unnachahmlichen Geste von persönlicher Vertrautheit und institutioneller Distanz begrüßt, die nur der Eingeweihte bemerkt und versteht, und wieder mußte ich denken: Genauso ist es zu Haus, und genauso habe ich es in England erlebt – wie merkwürdig, daß gewisse Lebensformen überall gleich sind.

Und dann saßen wir in einer einfachen weißgetünchten Dorfkirche, oben im Patronatsgestühl, und schauten auf die pfingstliche Gemeinde und den mit jungen Birken geschmückten Altar hinunter. Auf der gegenüberliegenden Seite hingen verschiedene Gedenktafeln, die in altertümlicher Schrift die Namen Bernstorffscher Vorfahren und anderer Gemeindemitglieder verzeichneten, die in den Kriegen des vorigen Jahrhunderts gefallen waren.

Ich dachte an die turbulente Zeit draußen in diesem so fremd gewordenen Deutschland, an alles, was uns noch bevorstehen mochte, an die Regierungen und Systeme, die da kommen und gehen, und verstand plötzlich, was es bedeutete, daß es solche Inseln gibt. Solche Angelpunkte der Beharrung, deren einziger Rhythmus der Wechsel der Jahreszeiten und der Generationen ist. Die Bäume wachsen heran und mit ihnen die Kinder des Gutsherrn, der Arbeiter und Bauern, bis jeder die ihm zugefallene Rolle übernimmt und sich einordnet in die Verantwortung, in die alle miteinander gestellt sind. Die Szene aber bleibt immer dieselbe: der gleiche Park, die gleichen Felder und verträumten Alleen, dieselbe alte Kirche, deren Pastoren, langsam die Seiten ihrer Chronik umblätternd, die neuen Erdenbürger eintragen und hinter die Namen der Alten ein Kreuz setzen.

Was würde werden, wenn eines Tages auch diese Inseln von der Unrast der Zeiten und Menschen hinweggespült würden? Wenn die Gesetzlosigkeit und Anmaßung der Welt da draußen auch diese letzte Zuflucht der Besonnenheit und Stille vernichtet? Dann würde gewiß unser aller Schicksal dem Zufall ausgeliefert und den flüchtigen Einfällen der Menschen, die keine Heimat haben, kein Maß und keine Verantwortung, und dann würde zugleich mit dem Gestern wohl auch das Morgen fraglich werden.

Jahre sind seither vergangen. Die große Flut, die sich weiter nach Westen gewälzt hat, ist auch über Stintenburg hinweggebraust. Nur eine kurze Zeit hat Stintenburg seinen Herrn überlebt. Bald nachdem die braunen Terroristen ihn ermordet hatten, kamen die roten Terroristen und ergriffen Besitz von der Insel im Schaalsee.

Axel von dem Bussche
Die Bombe unterm Bett

Axel von dem Bussche gehörte zur militärischen Gruppe des Widerstands. Er war achtzehn Jahre alt, als er 1937 als Offiziersanwärter in das Regiment IR 9 in Potsdam eintrat. Das IR 9 war seit je der Stolz Preußens; achtzehn Offiziere des Regiments sind im Widerstand gegen Hitler erschossen oder gehängt worden.

Ich lernte Axel in Ostpreußen kennen; er besuchte mich damals zusammen mit seinem Freund Karl Konrad Groeben in Quittainen, einem Familienbesitz, den ich verwaltete.

Er war ein beeindruckender junger Mann: sehr groß, sehr blond, sehr helle, blaue Augen, eigenwillig, energisch, selbstsicher – nicht im Sinne von Selbstgewißheit oder Arroganz, sondern einfach gelassen, in sich ruhend. Wer ihn gut kannte, wußte freilich, daß dieser Eindruck nur einen Teil seines Wesens wiedergab. Im Grunde war er von spannungsgeladener Sensibilität. Er konnte unter einem falschen Wort oder einer unangebrachten Geste schwer leiden.

Später kam Bussche noch einmal nach Quittainen – zusammen mit Major Kuhn, der am 20. Juli, als deutlich wurde, daß das Attentat gescheitert war, mit seinem Chef, Henning von

Axel v. d. Bussche war 24, als er sich entschloß, das Attentat zu wagen. Er war bereit, sich mit Hitler zusammen bei einer Vorführung neuer Uniformen in die Luft zu sprengen; im Hauptquartier auf den Termin wartend schrieb er: »Die sonnigen Spätjahrtage im Wald und Seenland sind getragen von der hellsichtigen Klarheit, die der Soldat vor dem Angriff kennt.«

Tresckow, Stabschef der Armeegruppe Mitte, die Konsequenzen zog: Tresckow ging nach vorn, und dort, im Frontbereich, täuschte er, der sich mit seiner ganzen Person für den Widerstand eingesetzt hatte, einen Partisanenangriff vor und erschoß sich. Kuhn ist ein paar Tage später zu den Russen übergegangen.

Bevor Tresckow sich am 20. Juli zu seinem letzten Gang entschloß, sagte er zu seinem Adjutanten, Fabian von Schlabrendorff: »Jetzt wird die ganze Welt über uns herfallen und uns beschimpfen, aber ich bin nach wie vor der felsenfesten Überzeugung, daß wir recht gehandelt haben. Ich halte Hitler nicht nur für den Erzfeind Deutschlands, sondern für den Erzfeind der ganzen Welt. Wenn ich in wenigen Stunden vor den Richterstuhl Gottes treten werde, um Rechenschaft abzulegen über mein Tun und Unterlassen, so glaube ich, mit gutem Gewissen das vertreten zu können, was ich im Kampf gegen Hitler getan habe.«

Wenige Wochen zuvor hatte Tresckow, mit dessen Ansichten sich Bussche in voller Übereinstimmung befand, gesagt: »Das Attentat auf Hitler muß erfolgen, um jeden Preis. Sollte es nicht gelingen, so muß trotzdem der Staatsstreich versucht werden. Denn es kommt nicht mehr auf den praktischen Zweck an, sondern darauf, daß die deutsche Widerstandsbewegung vor der Welt und der Geschichte unter Einsatz des Lebens den entscheidenden Wurf gewagt hat.«

Beim Überfall auf Polen im Herbst 1939, also am ersten Tag des Zweiten Weltkriegs, war Bussches Regiment dabei. Am Tag darauf, in der Tuchler Heide, starben vor den Augen des Zwanzigjährigen zwei enge Freunde: Heinrich von Weizsäcker, der Bruder von Richard Weizsäcker, mit dem ihn seither eine tiefe Freundschaft verband, und gleich darauf der junge, schwerverwundete Quandt – Axel war während der ganzen Nacht um ihn bemüht, bis er am Morgen starb.

Im Juni 1941 kam der Tag, an dem das Regiment die Grenze nach Rußland überschritt. Axel Bussche wurde mehrfach verwundet; im Frühjahr 1942 setzte ihn ein Lungenschuß für lange Zeit außer Gefecht – er galt als nicht mehr fronttauglich und wurde darum Adjutant im Reserveregiment in Potsdam. Als schließlich im Sommer 1942 Teile des Ersatzheeres als Besatzungstruppe nach Rußland verlegt wurden, geriet Bussche als Regimentsadjutant in die Ukraine.

Dort wurden die Weichen für sein weiteres Schicksal gestellt: Bei Dubno wurde er Zeuge einer grauenerregenden Massenerschießung von zweitausend Juden – Männer, Frauen und Kinder. Das Erlebnis wühlte ihn tief auf und wurde zu einer Wende in seinem Leben. Er selber hat später diesen Vorgang beschrieben: »SS-Leute führten die Juden an eine Grube, dort mußten sie sich entkleiden, danach in die Grube steigen, in der schon eine Schicht manchmal noch zuckender Leiber lag; mit dem Gesicht nach unten mußten sie sich, dem Befehl gehorchend, auf die Ermordeten legen und wurden dann durch Schüsse in den Hinterkopf getötet.«

Bis dahin hatte Axel Bussche den Eid auf den Obersten Kriegsherrn Adolf Hitler ganz selbstverständlich ernst genommen; jetzt fragte er sich, wieso er an einen Eid auf den Führer gebunden sein sollte, der selber diesen Eid, der doch auf Gegenseitigkeit beruht, unzählige Male gebrochen hatte. Bussches Entschluß stand fest: Es ging nicht mehr darum, sein Leben für Deutschland auf dem Schlachtfeld zu opfern, sondern es gegen Hitler einzusetzen.

Axel war ein bei vielen Spähtrupps bewährter, hochdekorierter Offizier. Er war Inhaber des Eisernen Kreuzes I und II, des Deutschen Kreuzes in Gold, des Ritterkreuzes und des Goldenen Verwundetenabzeichens. Mit Orden – zumindest Orden dieses Regimes – hatte er nicht viel im Sinn. Als sie im vorigen Jahr bei seiner Beisetzung dem Sarg vorangetragen werden sollten, waren sie nicht mehr auffindbar...

Ebenso bezeichnend für seine Unabhängigkeit ist folgende Geschichte, die er mir erstmals vor ein paar Jahren erzählte – also Jahrzehnte nachdem sie sich zugetragen hatte. Sechs junge Offiziere des IR 9 sitzen 1943 in einer Datscha an der Ostfront, sie reden, trinken, diskutieren. An der Wand hängt ein Bild des Führers. Der Kommandeur ist zu einer Inspektion der Front unterwegs. Bussche ist dreiundzwanzig, genauso alt wie der ebenfalls anwesende Regimentsadjutant Richard von Weizsäcker. Plötzlich ergreift einer der Jungen, Hans Albrecht von Bronsart, seine Pistole und schießt auf das Bild. Hitler zersplittert in tausend Stücke. Äußerster Schrecken – Totenstille. Jeder weiß, was dies bedeutet. Da hört man die Stimme des Regimentsadjutanten Weizsäcker: »Ehe wir überlegen, was jetzt zu tun ist, schießen wir erst mal alle drauf, damit es nicht nur einer war.« Er nahm seine Pistole und schoß. Axel Bussche folgte und danach die drei anderen. Jeder, der mit einer solchen Geschichte aufwarten könnte, hätte sie in den letzten vierzig Jahren sicherlich schon oft erzählt, aber weder Weizsäkker noch Bussche haben je ein Wort darüber verloren.

Bussches erste Reaktion auf das Massaker in Dubno in der Ukraine: Dieses verbrecherische Geschehen mußte sofort gestoppt, die SS zum Einhalt gezwungen werden. Aber ebenso rasch wurde ihm auch klar, daß weder er noch die Division, noch die Armee dies bewerkstelligen konnten. Also blieb nur eines: den, der solch frevelhaftes Tun befahl, zu beseitigen.

Im Oktober 1943 reist Bussche auf Veranlassung von Schulenburg, der weiß, daß Axel bereit ist, sich für die Tat zur Verfügung zu stellen, zu Stauffenberg. Stauffenberg ist kurz zuvor Chef des Stabes beim Ersatzheer geworden – eine Stellung, die dem Widerstand neue Möglichkeiten bietet. Der vierundzwanzigjährige Axel ist tief beeindruckt von dem sechsunddreißigjährigen Stauffenberg: Er, der selbst über so viel Ausstrahlung verfügt, spricht von dem »hellen Glanz und der sicheren Gelassenheit dieses Mannes«. Beide sind offenbar mit dem gleichen Öl gesalbt. Und beide sind sich vollkommen einig in dem Entschluß, dem Bösen unter allen Umständen Einhalt gebieten zu müssen.

Kompliziert ist die Beschaffung des Sprengstoffes. Überhaupt ist alles unendlich schwierig: Außer den Allergetreuesten kommt niemand an Hitler heran. Er ist von der Außenwelt abgeschirmt, sowohl im Führerhauptquartier im Mauerwald in Ostpreußen wie auch auf dem Obersalzberg. Im Mauerwald gibt es drei Sperrkreise, die nur mit jeweils verschiedenen Spezialausweisen betreten werden dürfen. Alle, auch die höchsten Offiziere, müssen die Waffe ablegen, bevor sie zum »Führer« eingelassen werden. Dieser legt sich nie fest, zu einer bestimmten Zeit an einem vereinbarten Ort zu sein. Öffentliche Auftritte oder Audienzen werden meist kurz vorher noch geändert.

Schließlich kam Tresckow auf die Idee, eine Vorführung der für die Ostfront neu gestalteten Uniformen zu nutzen, weil Hitler wie Himmler und Göring ihr Erscheinen auf einer solchen Veranstaltung zugesagt hatten. Ein junger Frontoffizier war vorgesehen, die Vorführung zu leiten und die Ausrüstung zu erklären. Dies schien eine ideale Gelegenheit, zur Tat zu schreiten. Axel Bussche erklärte sich bereit, eine Sprengladung an seinem Körper zu tragen und sich im geeigneten Moment auf Hitler zu werfen, um sich mit ihm gemeinsam in die Luft zu sprengen. Alles war abgesprochen und vorbereitet, der 23. November als Termin festgelegt.

Wie unendlich lang muß allen Beteiligten, vor allem Axel Bussche, das Warten erschienen sein; wie groß die Verantwortung; wie quälend die jagenden Gedanken und vibrierenden Nerven. Aber dann war alles umsonst. Die Vorführung mußte abgesagt werden, weil bei den schweren Luftangriffen am Tag zuvor die Waggons mit den Uniformstücken in der Nähe von Berlin ausgebrannt waren. Axel Bussche fuhr zurück an die Front.

Im Januar forderte Stauffenberg erneut Bussche für die Vorführung an, aber dessen Divisionskommandeur, der nicht eingeweiht war, lehnte ab: Seine Bataillonskommandeure seien keine Mannequins.

Wenige Tage später wurde Axel schwer verwundet. Er verlor ein Bein. Den Daumen seiner rechten Hand hatte er schon im Frankreichfeldzug eingebüßt – Blessuren, die ihm bis zu seinem Tode während fast eines halben Jahrhunderts quälende Schmerzen verursachten.

Ganz aufgegeben hat er den Attentatsplan aber nie. Darum – vielleicht aber auch, weil sich keine Gelegenheit mehr ergab, ihn einem Mitverschworenen auszuhändigen – verwahrte er den Sprengstoff zwischen seiner Wäsche. Als er dann vom Feldlazarett direkt nach Hohenlychen ins SS-Lazarett überführt wurde, wo die Amputation vorgenommen werden sollte, ist ihm eines Tages das Wäschepaket mit dem nicht entdeckten Sprengstoff dorthin nachgeschickt worden. Axel verstaute es unter seinem Bett.

Als die Gestapo schließlich eines Tages an sein Krankenbett kam, um ihn zu vernehmen, erfüllte ihn neben der Sorge auch ein diebisches Vergnügen bei dem Gedanken, in welch unmittelbarer Nähe der Hitler-Bombe diese Schergen sich befanden. Losgeworden ist er die Bombe erst, als sein Freund Groeben sie eines Tages nach einem Besuch im Lazarett herausschmuggelte und in einem See versenkte.

Den Abschluß der Nazi-Epoche bildete eine Reise nach Nürnberg, die wir 1946 zu dritt unternahmen: Richard Weizsäcker, Axel Bussche und ich. Wir wollten uns einen Eindruck von den Kriegsverbrecher-Prozessen verschaffen und erleben, wie es die Alliierten wohl anstellen würden, über diese Epoche Recht zu sprechen.

Vor dem »Palais de Justice« standen rechts und links vom Eingang zwei amerikanische Panzer mit voller Besatzung. Während wir versonnen noch ein wenig herumstanden, sagte plötzlich mit Blick auf die Panzer einer der Freunde zum anderen: »Die Kerle raus und wir rein!« Ich war entsetzt. Waren das atavistische Regungen ehemaliger Offiziere? Aber dann kam die einleuchtende Erklärung: »Wir wollen und wir müssen mit zu Gericht sitzen über diese Verbrecher; die haben sich auch an uns versündigt, und darum müßten sie sich auch vor uns verantworten.«

Fritz-Dietlof von der Schulenburg
Frondeur, Patriot, Verschwörer

Unter den mir befreundeten Angehörigen des Widerstands gab es nur einen, der zu Beginn ein begeisterter Nationalsozialist gewesen ist: Fritz-Dietlof Graf von der Schulenburg, ein entfernter Verwandter des Botschafters Schulenburg, der nach dem 20. Juli auch am Galgen endete. Er war dreißig Jahre alt, als er im Februar 1932 in die Partei eintrat.

Schulenburg, von seinen Freunden Fritzi genannt, war ein leidenschaftlicher, kompromißlos tapferer Draufgänger, der immer mit vollem Einsatz spielte. Er hoffte, diese neue Bewegung, die so vital, aktiv und revolutionär auftrat, würde endlich neue Wege aus der kläglichen Resignation weisen. Er war überzeugt, sie werde die Regierung dieses armen, von Reparationen gequälten, von Arbeitslosigkeit zerrütteten, von Ratlosigkeit geplagten Landes auf Trab bringen. Vielleicht war auch ein bißchen Lust am Provozieren dabei, denn in seiner Umgebung rümpfte man damals allenthalben die Nase über den Gefreiten Adolf Hitler.

Schulenburg galt schon in jungen Jahren als glänzender Verwaltungsfachmann. Es gab viele Denkschriften von ihm über den Aufbau der zukünftigen Verwaltung und vor allem über den richtigen Typ des Beamten. Sein Ideal war ein revolutionärer preußischer Staatsbeamter; er schätzte ein freies, offenes Wort und verachtete Unterwürfigkeit. Seine Prioritäten waren: Unbestechlichkeit, Ehre, Verantwortung für das Ganze, Zivilcourage. Geld interessierte ihn nicht. Für Geld hatte er weder Interesse noch Achtung. Pathos und äußerer Glanz riefen bei ihm vorwiegend Spott hervor. Es gibt unzählige Geschichten über den saloppen Aufzug, in dem er auch bei feierlichen, offiziellen Gelegenheiten aufzutreten pflegte. Seinen Frack hatte er einem Kellner geschenkt, der ohne dieses Kleidungsstück die ihm zugesagte Stelle nicht hätte antreten können – er selber lebte fortan ohne Frack.

Schulenburgs geistige Grundhaltung wurzelte im Preußischen: »Vorbild kann nur sein, wer alles zuerst von sich fordert und wer sich härtester Zucht unterwirft.« Manchmal konnte man meinen, ihm schwebte eine Partei vor, die wie ein Orden beschaffen wäre: eine Gemeinschaft der Besten zur Auslese und Erziehung der führenden Schicht. Immer wetterte er gegen Bonzentum und Vetternwirtschaft und verdammte die als Requirierung getarnte Ausplünderung der besetzten Gebiete. Als er einmal von Paris zurück nach Berlin fuhr und Freunde ihm heimlich ein paar Kisten Wein in sein Abteil gestellt hatten, ließ er diese in Regensburg ausladen, um den Wein unter den dort gerade eingetroffenen Bombenflüchtlingen aus Hamburg zu verteilen.

Den Beitritt zur NSDAP hatte Schulenburg den Freunden, Mitarbeitern und seinem Vorgesetzten, dem Landrat, mitgeteilt. Die meisten Freunde und Mitarbeiter schüttelten den Kopf und machten kritische oder verärgerte Bemerkungen. Der Landrat war ganz entsetzt: »Sind Sie verrückt geworden, Schulenburg?« Ihn ärgerte wahrscheinlich am meisten, daß er – da in Preußen den Beamten die Mitgliedschaft in der NSDAP verboten war – die Entlassung Schulenburgs einleiten mußte.

Schon das erste Dienstzeugnis, 1926 vom Landrat in Kyritz für den Referendar Schulenburg ausgestellt, entwirft ein Bild seiner Qualitäten, das auch für seinen späteren Lebensweg Gültigkeit besaß: Als Assessor trat er für Vergesellschaftung der Schlüsselindustrien ein, ferner für ein Mitbestimmungsrecht und für Gewinnbeteiligung der Belegschaft.

Schon der Referendar ist in seinem politischen Weltbild erstaunlich unabhängig und in seinem Urteil überraschend selbständig. Er karikiert den Wilhelminismus und kritisiert die reaktionäre Einfalt der »Deutschnationalen«, die nur an die Erhaltung ihrer Plüschsessel, Aktienpakete, Großgüter und an die Wiederherstellung verstaubter Privilegien dächten. Sein Weltbild ist sozial geprägt und sozialistisch gefärbt. »Preußentum und Sozialismus«, ein Buch von Oswald Spengler, das in den zwanziger Jahren erschien und dessen Ideen auch mich damals in seinen Bann geschlagen hatten, beschäftigte ihn sehr. In seinem Elternhaus wurde viel über Politik geredet: Beck und Stülpnagel, die beide Mitarbeiter seines Vaters gewesen sind und später die führenden Köpfe des militärischen Widerstands waren, verkehrten dort. Oft ist er als der »rote Graf« bezeichnet worden, aber sein Sozialismus erwuchs aus preußischen und christlichen Wurzeln, nicht aus marxistischem Gedankengut.

Fritzi war seit je von ungewöhnlicher Lesewut besessen: Von Gandhi und Spengler bis Marx und Lenin hatte er alles verschlungen, was des Nachdenkens wert war: Max Weber, Paul Tillich und Walter Rathenau standen in seiner Bibliothek, in der auch Ernst Jünger, Moeller van den Bruck und Haushofer nicht fehlten. Sein Biograph, Albert Krebs (»Zwischen Staatsräson und Hochverrat«), berichtet, daß er seine Bücher schon als Gymnasiast, aber auch später noch, stets in der Buchhandlung Jaeckel in Potsdam kaufte, deren Inhaber Noetzel für ihn väterlicher Freund, Berater, gelegentlich auch Kreditgeber war. So hatte Noetzel einmal auf der Bücherrechnung eine Schuld von dreihundert Mark verbucht: für eine Reise nach Südamerika, da von dem gestrengen Vater für diesen Zweck nichts zu erwarten war. Daraufhin fuhren der zweiundzwanzigjährige Schulenburg und sein Hamburger Freund Kurt Stürcken – beide als Tellerwäscher – im Jahre 1924 für drei Monate nach Südamerika, um etwas von der Welt zu sehen.

Nach bestandenem Assessorexamen und einer Anstellung im westlichen Industriegebiet wurde Schulenburg als Regierungsrat nach Ostpreußen versetzt und avancierte dort zum Leiter des Politischen Amtes der Gauleitung und zum Persönlichen Referenten des Gauleiters Erich Koch. Er hatte sich viel von dieser Versetzung versprochen. Ostpreußen, die gefährdete Provinz – durch den Polnischen Korridor vom Reich getrennt –, schien die erwünschte Herausforderung darzustellen, und Koch, der sich gern als »Preuße« stilisierte und viel von Schlichtheit redete, könnte, so meinte Schulenburg, ein Kristallisationspunkt sein für die begabten und revolutionären jungen Leute, die Schulenburg in Königsberg um sich geschart hatte. Sie alle, einschließlich des Gauleiters, bewunderten Gregor Strasser, der in gewisser Weise ein Rivale Hitlers war und beim Röhmputsch am 30. Juni 1934 ermordet wurde.

Sehr bald aber wurde Schulenburg von Koch enttäuscht, der den Verführungen seines Amtes nicht zu widerstehen vermochte: Machtgenuß, Luxusbegehr, Byzantinismus und Korruption ergriffen von ihm Besitz. Schulenburg schrieb dem Gauleiter zu Neujahr 1935 einen Brief, der den Adressaten an die Ideale und Vorsätze der »Kampfzeit« erinnerte und seine Amtsführung scharf kritisierte. Die Folge: Schulenburg wurde als Landrat nach Fischhausen an die Peripherie der Provinz abgeschoben. Aber schon im Sommer 1937 wurde er auch dort zum Ausscheiden gezwungen.

Als ihm daraufhin angeboten wurde, stellvertretender Polizeipräsident in Berlin zu werden, nahm er dieses Angebot an und nutzte die Gelegenheit, dort gleichgesinnte Menschen zu sammeln. Seither wurde er, wie Ulrich Heinemann in seinem Buch »Ein konservativer Rebell« sagt, zu dem »zentralen Verbindungsmann des Widerstands«. Schulenburg selbst erklärte damals: »Ich hatte mich zu entscheiden, ob ich meinen Dienst quittieren oder der Fouché Hitlers werden wollte. Ich habe das zweite gewählt.«

Die Geschehnisse um Blomberg und Fritsch erlebte der stellvertretende Polizeipräsident aus dienstlicher und nächster Nähe. Bei dem Verhör vor dem Volksgerichtshof nach dem 20. Juli 1944 hat Schulenburg selber den Zeitpunkt genannt, an dem er sich definitiv vom Nazisystem getrennt hat: Es war nach dem Fall des Generalobersten von Fritsch, der auf Betreiben der NS-Führung und infolge einer erfundenen Verleumdung aus dem Heer ausscheiden mußte.

Im Winter 1938/1939 sann Schulenburg, so schreibt Eberhard Zeller (»Geist der Freiheit«), erschüttert durch die Judenverfolgung und den drohend heraufziehenden Krieg, zusammen mit dem ihm befreundeten Nikolaus Graf Uexküll auf Umsturz. Beide trugen ihre Gedanken Claus Stauffenberg vor, der damals als Rittmeister in Garnison am Rhein stand. Der Vize-Polizeipräsident Schulenburg hatte übrigens die nach der sogenannten Kristallnacht willkürlich verhafteten Juden auf eigene Verantwortung entlassen, was ihm eine wütende Attacke von Goebbels eintrug.

Nikolaus Uexküll – Nux, wie wir ihn nannten –, ein Bruder von Stauffenbergs Mutter, kam damals häufig mit Schulenburg zusammen. Beide redeten vom Umsturz und träumten von der Befreiung, die es zu vollziehen gelte. »Nux« war ein wunderbarer, wirklich einzigartiger Mensch, ritterlich, weltoffen, warmherzig, humorvoll. Ihn umgab etwas von der Weite und Toleranz des habsburgischen Reiches, in dem er aufgewachsen war und als Soldat gedient hatte.

Ich kannte und verehrte ihn, seit ich fünfzehn Jahre alt war. Nie, auch später nicht, bin ich je wieder jemandem begegnet, der in Geist und Gestus so sehr die Verkörperung des Ritters ohne

Furcht und Tadel darstellte. Unvergeßlich das Bild, wenn Nux sich bei feierlichen Gelegenheiten verabschiedete: Dann stand er in einer unnachahmlichen Mischung aus Gelassenheit und Ehrerbietung da, verbeugte sich leicht und deutete mit ausgestrecktem rechten Arm in einer weit ausholenden Geste seine zustimmende Verehrung an.

1938/1939 sammelten sich viele Freunde in Berlin um Schulenburg: Hofacker, der später in Paris während des 20. Juli 1944 eine wichtige Rolle spielte, Peter Yorck, Nikolaus Uexküll, Ulrich-Wilhelm Schwerin, Witzleben und andere Militärs; und natürlich wurde die Verbindung zur Abwehr, also zu Oster und Canaris, immer enger.

Schulenburg war gelegentlich von leichtfertiger Offenheit und bedenkenloser Zivilcourage. Als dem renommierten Verwaltungsfachmann von Himmler persönlich nahegelegt wurde, er möge doch einen höheren Dienstgrad in der SS annehmen, lehnte Schulenburg mit dem Argument ab, er könne diesen Schritt mit seinem im Christentum wurzelnden Gewissen nicht vereinbaren. Und im Sommer 1943, zornig und zum Äußersten entschlossen, sagte er in einem Berliner Café zum General der Waffen-SS, Steiner, seinem früheren Kompanieführer in Königsberg: »Wir werden Hitler totschlagen müssen, bevor er

Deutschland völlig zugrunde richtet.« Wegen einer ähnlichen Äußerung im Casino seines Regiments, dem IR 9 in Potsdam, ist er im gleichen Jahr einmal für vierundzwanzig Stunden verhaftet worden.

1939 forderte der Gauleiter und Oberpräsident Joseph Wagner, der gleichzeitig Reichspreiskommissar war, Schulenburg als seinen Stellvertreter für Schlesien an. In Wagners Behörde arbeitete Peter Yorck, dem Wagner gesinnungsmäßig nahestand. Yorck war es auch, durch den Wagner und Schulenburg miteinander bekannt wurden. Zeller schreibt: »Von Schulenburg bestärkt, schreckte Wagner, als sich nach der Niederwerfung Polens in den neu zu Schlesien gekommenen Gebieten die Übergriffe mehrten, nicht davor zurück, die Verantwortlichen zu maßregeln.«

Im Frühjahr 1940 wurde Schulenburg als »politisch untragbar« aus der Partei ausgeschlossen und mußte von seinem Amt zurücktreten. Er meldete sich zur Front. Einige Kommentatoren haben Schulenburg gründlich mißverstanden, wenn sie schreiben, der »Blitzsieg« in Frankreich habe ihn so beeindruckt, daß er sich im Sommer 1940 freiwillig an die Front gemeldet habe. Die Unterstellung, Lust am Soldat-Sein sei sein Motiv gewesen, ist ganz und gar abwegig.

In einem Brief vom 4. Juni 1940 schrieb er an

Caesar von Hofacker war der Gewährsmann Stauffenbergs in Paris, wo am 20. Juli in wenigen Minuten der gesamte Kommandostab des Sicherheitsdienstes verhaftet wurde. Der Volksgerichtshof konnte ihn nicht einschüchtern: »Jetzt rede ich, Herr Präsident« (Freisler hatte ihn immer wieder unterbrochen), »jetzt geht es um mein Leben, in einem Jahr geht es um Ihr Leben.«

seine Frau: »Für mich ist die Entscheidung klar. Da sich sonst keine wesentliche Aufgabe im Staat für mich ergibt, werde ich Soldat...« Und zu mir sagte er damals: »Das ist die einzige Lebensform, in der man noch mit einigem Anstand existieren kann.«

Aber die Situation ließ den Aufrührer nicht zur Ruhe kommen. Er wußte, daß die Entscheidung »innen« fallen würde; darum hatte er sich bemüht und auch erreicht, im Winter 1941 zum Wirtschaftsministerium nach Berlin abkommandiert zu werden, wo er die alten Fäden wiederaufnehmen konnte. Einmal, es muß im Jahr darauf gewesen sein, sagte Peter Yorck, als ich ihn in Berlin besuchte: »Etwas ganz Wichtiges ist geschehen, Fritzi ist zum Stab von General von Unruh abkommandiert worden.« Die Aufgabe des »Heldenklau«, wie Unruh damals genannt wurde, war es, die militärischen und zivilen Stäbe in der Etappe durchzukämmen: eine willkommene Gelegenheit für die Widerstandskämpfer, um die in ihrem Sinne »Brauchbaren« auf wichtigen Posten zu erhalten und die »Unbrauchbaren« auszukämmen.

Schulenburg ist nun also wieder in Berlin, hält die Verbindung mit den Widerstandsgefährten aufrecht und gewinnt neue Gesinnungsfreunde dazu. Auch führt er Verschworene aus den verschiedenen Kreisen zusammen. Er ist der

Julius und Annedore Leber als jung verheiratete Eheleute. Leber, SPD-Abgeordneter, war ein erbitterter Gegner der Nazis. 1932 drohte der Lübecker NS-Führer: »Zwei Stunden nach unserem Sieg hängt Dr. Leber auf dem Marktplatz.« Der furchtlose Leber rief im Januar 1933 den Arbeitern zu: »Wenn es gilt, um die Freiheit zu kämpfen, fragt man nicht, was morgen kommt.« Im März 1933 verhaftet, war er bis 1937 im KZ. Nach dem 20. Juli in Plötzensee hingerichtet.

Mittler zwischen Kreisau und den Offizieren, auch zwischen Kreisau und Goerdeler – hier übrigens mit nur geringem Erfolg. Er knüpft Fäden zwischen Stauffenberg und Leber – eine Beziehung, die bei beiden zu gegenseitiger Freundschaft und Bewunderung führte; auch pflegt er über Hofacker Verbindung nach Paris.

Den Überfall auf die Sowjetunion hat er in vollem Einverständnis mitgemacht; es gehe, so schrieb er, um die Ausrottung des Bolschewismus und die Errichtung eines Großwirtschaftsraums in Europa. Er haßte den Kommunismus Stalinscher Prägung. Er strebte nach einer neuen Gesellschaftsordnung, die den – wie er gelegentlich sagte – »parasitären Kapitalismus« ersetzen sollte.

Das Jahr 1943 findet die Verschwörer dann fest entschlossen, das Attentat so schnell wie möglich durchzuführen. Bis dahin hatten die Bedenken überwogen. Viele fürchteten, daß in einer Zeit siegreichen Vormarsches wieder eine Dolchstoßlegende entstehen würde, weil der Vorwurf, Feiglinge und Deserteure seien den tapferen Soldaten in den Rücken gefallen und hätten den genialen, siegreichen Führer ermordet, auf fruchtbaren Boden fallen könnte.

Schulenburg war der geborene Revolutionär. Dem alten Frondeur dauerte alles viel zu lang. Die Kreisauer, die ihrer selbstgestellten Aufgabe entsprechend verfassungs- und staatsrechtliche Entwürfe für die Zeit nach Hitler erarbeiteten und die Aktion selber absichtlich den Militärs überließen, bespöttelte er gelegentlich als »Flagellanten«.

Seine eigenen Ziele hat Schulenburg selber in einem Gespräch mit Gerhard Ziegler deutlich formuliert. Auf eine Frage von Ziegler, der während Schulenburgs Zeit in Schlesien Landesplaner war, antwortete er: »Wohl den meisten Mitverschworenen geht es wie mir. Sie wollen keine Ämter und Vorteile. Sie wollen dienen und helfen. Sie sind etwas und wollen nicht etwas werden. Die Mehrzahl denkt nur an Deutschland und an die Rettung der Welt vor innerer und äußerer Versklavung.«

Ende 1942 hat mich Schulenburg gefragt, wer in Ostpreußen »unser bester Mann« sei, wer also wohl als Landesverweser – so sollten die Chefs der Länder heißen – geeignet sei. Ich nannte ihm Graf Heinrich Dohna, Generalmajor a. D., Vorstand der Bekennenden Kirche in Ostpreußen, der seinen Besitz Tolksdorf bewirtschaftete und in allen Kreisen – militärischen wie zivilen – ungemein geachtet war. Nachdem Schulenburg mit Stauffenberg und einigen anderen gesprochen hatte, bekam ich den Auftrag, zu Heinrich Dohna zu fahren und ihn »anzuwerben«. Dohna, ein nobler Mann, sagte zu, obgleich er genau wußte, was für ihn dabei auf dem Spiel stand. Er ist, wie alle anderen, in Plötzensee am Galgen gestorben – ein mich lange quälender Vorwurf.

Ein hoher Offizier in Ostpreußen, den ich gleichfalls gewinnen sollte, konnte sich nicht entschließen, den Eid zu brechen, und ein ziviler Führer auch nicht. Schließlich bestand eine meiner Aufgaben, die ich ordnungsgemäß ausführen konnte, darin, Carl Jacob Burckhardt, den früheren Völkerbundkommissar und damaligen Präsidenten des Internationalen Roten Kreuzes, mit dem mich seit Jahren eine enge Freundschaft verband, in der Schweiz aufzusuchen und zu informieren. Er wurde gebeten, sofort nach erfolgter Tat die Engländer und Amerikaner ins Bild zu setzen.

Die entscheidenden Militärs – Beck, Olbricht, Tresckow – waren sich 1943 einig, daß endlich gehandelt und Hitler beseitigt werden mußte. Den »Walküre-Plan«, also die offizielle Generalstabsplanung für den Fall eines inneren Notstandes, so umzufunktionieren, daß die Maßnahmen auch bei einem Umsturz die Aufrechterhaltung der Ordnung garantierten – diesen Plan gab es schon seit 1941/1942; Schulenburg hatte neben Tresckow daran entscheidend mitgewirkt.

Nun also begann die lange Serie nicht zustande gekommener oder mißglückter Attentatspläne – der letzte im Juli 1944: Am 11. Juli war Stauffenberg zur Lagebesprechung auf den Obersalzberg geflogen, zwischen dienstlichen Unterlagen hatte er den Sprengstoff in seiner Aktentasche verstaut. Es kam nicht zur Auslösung. Am 15. Juli, bei einer Lagebesprechung, diesmal in der Wolfsschanze in Ostpreußen, war Stauffenberg wieder mit seiner Mappe zugegen, aber kurz nach Beginn verließ Hitler den Raum und erschien nicht wieder.

Ursprünglich war nicht vorgesehen, daß Stauffenberg, der in Nordafrika ein Auge, eine Hand und zwei Finger der anderen Hand verloren hatte, das Attentat ausführen würde. Aber in den letzten Monaten zeigte sich, daß er, der stets zur Lagebesprechung hinzugezogen wurde, der einzige war, der an Hitler herankam; darum mußte der Plan geändert werden.

Ich habe Fritzi zum letzten Mal Anfang Juni 1944 in Ostpreußen gesehen. Er kam aus Insterburg, wo er Axel Bussche im Krankenhaus besucht hatte, zu mir nach Quittainen. Wir haben eine lange Nacht am Kamin geredet. Es waren die Tage der Invasion in Nordfrankreich, und Schulenburg war voller Sorge, denn auch im Osten hatte die russische Front sich bereits nahe an die deutsche Grenze herangekämpft. Würde überhaupt noch etwas anderes als Kapitulation möglich sein? Das Attentat mußte unter allen Umständen und so bald wie möglich versucht werden, kein Tag war mehr zu verlieren. Zumal in diesen Tagen, am 4. und 5. Juni, die beiden Sozialisten Reichwein und Leber – von einem kommunistischen Spitzel verraten – verhaftet worden waren, während Moltke dieses Schicksal schon im Januar ereilt hatte. Das Verhängnis rückte also immer näher.

Schulenburg nannte mir bei seinem Besuch keinen Tag, aber es war klar, daß der entscheidende Moment gekommen war. Ich sollte ihn wissen lassen, wann ich in Berlin sein könnte. Da ich keine Möglichkeit fand, ihn zu benachrichtigen, schickte ich in Unkenntnis, wie gefährlich dieses Datum war, am 19. Juli ein Telegramm an seine Adresse. Der Wortlaut: »Bin ceteris paribus am 20. Berlin, wohne bei Peter (gemeint war Peter Yorck). Unterschrift: Marion«. Ich mußte befürchten, daß dieses Telegramm sofort zu meiner Verhaftung führen würde, denn ceteris paribus – womit ich nur sagen wollte, wenn die Russen, die bereits die ostpreußische Grenze überschritten hatten, nicht noch weiter vordringen würden –, dieses Wort mußte in den Ohren der Gestapo zweifellos nach Konspiration klingen. Merkwürdigerweise aber passierte gar nichts, obgleich ich nachträglich erfuhr, daß Schulenburg am 19. und 20. Juli gar nicht mehr in seiner Wohnung gewesen ist, das Telegramm also der Gestapo direkt in die Hände gefallen sein mußte.

Schulenburg vor dem Volksgerichtshof. Zu dem tobenden Richter Freisler sagte er in voller Ruhe: »Ich bereue meine Tat nicht und hoffe, daß sie ein anderer in einem glücklicheren Augenblick durchführen wird.« Am 10. August wurde er in Plötzensee hingerichtet.

Ich rauchte damals Pfeife, eine elegante Dunhill-Pfeife mit überlangem Mundstück und kleinem Kopf. Fritzi bewunderte sie sehr, fand sie besonders schön und offenbar begehrenswert, also gab ich sie ihm mit – als Talisman.

Der Haupteindruck, der mir von jenem langen Abend in Quittainen geblieben ist, war seine Verzweiflung über die Zerstörung Deutschlands, die Pervertierung des Rechtsstaates, die Korrumpierung der Bürger, die von einem verlogenen Wertesystem indoktriniert würden. Sein Zorn über Diktatur und Tyrannei war grenzenlos.

Wenige Wochen später stand Schulenburg vor dem Volksgerichtshof in Berlin – ebenso souverän und furchtlos, wie er gelebt hatte. Voller Ruhe sagte er zu dem geifernden und tobenden Richter, Roland Freisler: »Wir haben diese Tat auf uns genommen, um Deutschland vor namenlosem Elend zu bewahren. Ich bin mir klar, daß ich daraufhin gehenkt werde, bereue meine Tat aber nicht und hoffe, daß sie ein anderer in einem glücklicheren Augenblick durchführen wird.«

Nach dem 20. Juli hatte ich natürlich in Ostpreußen keine Ruhe und fuhr nach Berlin. Wo immer ich anrief, kam die Antwort: »Ist verreist, Rückkehr unbekannt«, bei Adam Trott, bei Hassell... Bei Schulenburg meldete sich niemand. Ich hatte ausfindig gemacht, wer der Offizialverteidiger von einigen der Verhafteten war, fuhr zu ihm und stand vor einem keineswegs unangenehmen älteren Herrn. Er hatte neben anderen auch Schulenburg im Gefängnis besucht und war imponiert von dessen Gelassenheit. Ganz nebenbei erwähnte er, Schulenburg habe die ganze Zeit mit einer merkwürdigen, überlangen Pfeife gespielt, von der er sich offenbar nicht zu trennen vermochte.

Helmuth James Graf von Moltke
Seine Losung: Liberaler Rechtsstaat, Sozialismus, Christentum

Die Freunde Helmuth Moltke und Peter Yorck waren grundverschiedene Menschen, ergänzten sich aber gerade darum auf ideale Weise. Eigentlich bildeten sie erst zusammen ein Ganzes und damit den Kern des Kreises. Wie verschieden sie waren, wird sehr deutlich an den Abschiedsbriefen, die beide an ihre Frauen schrieben. Moltke, bis zum letzten Augenblick politisch motiviert und auf die Sache konzentriert, beobachtet die Szene seiner eigenen Verurteilung vor dem Volksgerichtshof mit kühler Distanziertheit und intellektueller Präzision. Er ist glücklich und befriedigt, daß dem Kreis attestiert wird, keine Gewalt geplant, keine Posten verteilt, keine praktischen Handlungen vorgenommen zu haben: »Wir werden gehenkt, weil wir zusammen gedacht haben.« Er gibt eine detaillierte Schilderung, damit diese verbreitet und politisch ausgenutzt werden könne. Auch daran denkt er noch in dieser vorletzten Stunde.

Er schreibt: »Um drei Uhr verlas Schulze, der keinen üblen Eindruck macht, die Anträge: Moltke, Tod und Vermögenseinziehung. Dann kamen die Verteidiger, eigentlich alle ganz nett, keiner tückisch... Freisler begabt, genial und nicht klug, und zwar alles drei in der Potenz, erzählt den Lebenslauf, man bejaht oder ergänzt, und dann kommen die wenigen Tatfragen, die ihn interessieren...«

»Als Rechtsgrundlage«, so fährt Moltke fort, »wurde verkündet: Der Volksgerichtshof steht auf dem Standpunkt, daß Verrat schon begeht, wer es unterläßt, solche defätistischen Äußerungen wie die von Moltke – wenn sie von einem Mann seines Ansehens und seiner Stellung geäußert werden – anzuzeigen. Vorbereitung zum Hochverrat begeht schon der, der hochpolitische Fragen mit Leuten erörtert, die in keiner Weise dafür kompetent sind, insbesondere wenn sie nicht mindestens irgendwie tätig der Partei angehören. Vorbereitung zum Hochverrat begeht jeder, der sich irgendein Urteil über eine Angelegenheit anmaßt, die der Führer zu entscheiden hat...«

In Moltkes Abschiedsbrief heißt es weiter: »Schulze, Freisler und Berichterstatter, alle in roten Roben; typisch war ein Vorfall: Aus irgendeinem Grunde wurde ein StGB (Strafgesetzbuch) gebraucht, weil Freisler was daraus vorlesen wollte. Es stellte sich aber heraus, daß keines aufzufinden war.«

Peter Yorcks Brief an seine Frau ist dagegen ganz persönlich und ausschließlich auf das

Menschliche konzentriert. Keinen vergißt er. Für jeden hat er noch einen Gedanken oder einen Gruß, für die Freunde, die Verwandten, die Gutsleute. »Und vergiß auch Ostpreußen nicht...« »Das ist ein Gruß für dich«, sagte Marion Yorck, als sie mir den Brief vorlas.

Nur der erste Absatz gilt noch der politischen Situation: »Wir stehen wohl am Ende unseres schönen und reichen gemeinsamen Lebens. Denn morgen will der Volksgerichtshof über mich und andere zu Gericht sitzen. Ich höre, das Heer hat uns ausgestoßen. Das Kleid kann man uns nehmen, aber nicht den Geist, in dem wir handelten. Auch für meinen Teil sterbe ich den Tod fürs Vaterland. Wenn der Anschein auch sehr ruhmlos, ja, schmachvoll ist, ich gehe aufrecht und ungebeugt diesen letzten Gang, und ich hoffe, daß Du darin nicht Hochmut und Verblendung siehst, sondern ein Bis-zum-Tode-Getreu. Des Lebens Fackel wollten wir entzünden, ein Flammenmeer umgibt uns, welch ein Feuer!«

Helmuth Moltke war früh mit Paul Tillichs religiösem Sozialismus in Berührung gekommen. Tillich versuchte aufgrund der Analysen von Karl Marx die Gefahr der Verdinglichung des Menschen in den automatisierten Prozessen der modernen Wirtschaft zu verdeutlichen. Er wollte die sinnentleerte Autonomie der industriellen Gesellschaft wieder mit religiöser Substanz füllen.

Seine Zeitschrift »Neue Blätter für den Sozialismus« hatte in den zwanziger Jahren einen starken Einfluß auf die geistige Jugend. Harald Poelchau, der tapfere, unvergessene Gefängnispfarrer von Tegel, der treue Gefährte der Kreisauer, dem es zu danken ist, daß viele Briefe ihren Adressaten erreichten, war ein Schüler von Tillich. Auch Carlo Mierendorff, der begabte und von den Nazis gefürchtete Sozialistenführer, der bald nach 1933 für viele Jahre in Hitlers KZs verschwand, erst 1938 wieder auftauchte und im Dezember 1943 bei einem Bombenangriff ums Leben kam, arbeitete an Tillichs Zeitschrift mit; desgleichen sein Freund Theo Haubach, Mitbegründer des sozialistischen »Reichsbanner Schwarz-Rot-Gold«, einer bewaffneten Organisation zur Verteidigung der Weimarer Republik – und schließlich der Sozialist Adolf Reichwein.

Schon in jungen Jahren zeigte sich Helmuth Moltkes ungewöhnliche Persönlichkeit: sein großes politisches Engagement, sein soziales Interesse und der ausgeprägte Sinn für Verantwortung. Im Jahre 1926 – er wurde 1907 geboren, war also neunzehn Jahre alt – arbeitet er in den Oster- und Sommerferien auf dem Landratsamt in Waldenburg, um die Probleme seiner Heimat Schlesien kennenzulernen, die gerade einen Teil des Industriegebietes hatte an Polen abgeben müssen. Zwei Jahre später ruft er die

»Löwenberger Arbeitsgemeinschaft« ins Leben, eine Hilfeaktion für die von Armut geplagte Waldenburger Region. Es handelt sich um ein Arbeitslager, das er und einige Freunde veranstaltet haben. Während zwei Wochen nehmen daran die sozialistische und die christliche Arbeiterjugend, Jungbauern und Studenten teil.

Als er Ende zwanzig war, entschloß er sich zu heiraten. In einem Brief an seine Braut Freya Deichmann schrieb er am 17. Juni 1931: »Ehe ist ein so großartiges Wort ... Wirst Du damit zufrieden sein, daß wir nur zwei Studenten sind, die lieber zusammen als allein leben?«

Und dann, am 13. September 1931: »Ich bin für folgendes: Ihr macht Hochzeit, wann es euch paßt, und um der Sache jede Sensation zu nehmen, fahren wir nicht per FD in irgendein uns bereitetes Ehebett, sondern bleiben als Deiner Mutter Gäste noch drei oder vier Tage in Köln. Ich lasse Deiner Mutter sagen ... um allen etwaigen Festeswünschen um uns herum sofort die Spitze abzubrechen, hätte ich meinen Smoking und meinen Frack an Willo (Bruder von Helmuth) vererbt, und beides ist schon zum Ändern beim Schneider. Ich habe also keines von beiden mehr und beabsichtige auch nicht, mir so etwas wieder machen zu lassen.«

Damals, in der Löwenberger Arbeitsgemeinschaft, hatte sich eine Reihe von jungen Leu-

Der 21jährige Moltke, im Jahr 1928, zur Zeit der von ihm inspirierten Löwenberger Lager. Er wurde nach Kriegsausbruch 1939 als Spezialist für Kriegs- und Völkerrecht in die Abteilung »Ausland« der Abwehr im OKW dienstverpflichtet. Dort hatte er Gelegenheit, einige der schlimmsten Verstöße gegen die Haager Kriegsordnung zu verhindern.

ten zusammengefunden, die dann fünfzehn Jahre später zum Kreisauer Kreis gehören: Adolf Reichwein, Hans Peters, Horst von Einsiedel, Karl Dietrich von Trotha, Fritz Christiansen-Weniger, Theodor Steltzer. Die Sozialisten Carlo Mierendorff und Theodor Haubach hatte Moltke schon 1927 kennengelernt.

Verblüffend sind die Stetigkeit der Gesinnung und die große Kontinuität, die Moltkes Denken und Handeln auszeichnen. Aus einem Aufsatz, den er vor 1933 geschrieben hat, geht hervor, daß Moltke im Gegensatz zu vielen seiner Landsleute für eine föderale Struktur Deutschlands und für weitgehende Dezentralisierung war. Dem Reich sollten nur die Reichsverwaltung, Verteidigung und Außenpolitik bleiben. Seine außenpolitische Blickrichtung ist sozial, liberal – mit einer gewissen Neigung zum Sozialismus. Er ist unbestechlich im Urteil und von jedermann unabhängig in seinen Entscheidungen. Bei der Wahl des Präsidenten im Jahre 1932 stimmt er für Thälmann, weil Hindenburg keine wirkliche Alternative zu Hitler sei. Moltke war schon sehr früh und ganz unbeirrbar für den Staatsstreich, aber ganz dezidiert gegen ein Attentat. Er gehörte der Christian Science Sekte an, und vielleicht hat das seinen Widerwillen gegen das Attentat bestimmt.

In seiner Weltoffenheit, mit seinen vielseitigen Interessen und seiner frühen Ernsthaftigkeit hat Moltke offenbar auf Menschen aller Art und jeglichen Alters eine gewisse Faszination ausgeübt. Der Kreis seiner ihm zugetanen Bekannten ist erstaunlich vielseitig: Heinrich Brüning, Kultusminister C.H. Becker, Gerhart Hauptmann, Willy Hellpach, Carl Zuckmayer, Helene Weigel, die Frau von Bertolt Brecht.

Als das Dritte Reich ausbrach, arbeitete er als Assessor am Kammergericht in Berlin. Fast die Hälfte der Richter, die dort tätig waren, wurde damals sofort entlassen. Nach einem Besuch in Kreisau schrieb Moltke seiner Mutter: »Das ganze Dorf ist für die Nazis, weil die Schweinepreise gestiegen sind.« Eine Mitteilung, die die Mutter mit dem Kommentar quittiert: »Arme Demokratie.«

Bei der Mobilmachung wurde Moltke, der »nicht kriegstauglich« war, als Kriegsverwaltungsrat der Abteilung Ausland beim OKW (Oberkommando der Wehrmacht) zugeteilt. Zu den Aufgaben dieser Abteilung, die der Abwehr unter Admiral Canaris angegliedert war, gehörte in erster Linie die Bearbeitung völkerrechtlicher Fragen, was einem kämpferischen Rechtsfanatiker wie Moltke große Möglichkeiten der Betätigung bot.

Der Assessor am Kammergericht in Berlin, der auch das juristische Barrister-Examen in

London gemacht hatte, war bald der Mittelpunkt jener völkerrechtlichen Gruppe. Ungezählt sind seine Beschwerden über völkerrechtswidrige Anweisungen und Handlungen der Seekriegsleitung oder hinsichtlich der Definition, wer Kombattant ist und wer Freischärler. Die Wehrmachtsführung wollte nach der Kapitulation Polens denjenigen Polen, die in die englische Armee eingetreten waren, nicht den Status der Kombattanten zuerkennen, was in der Mehrzahl der Fälle standrechtliche Erschießung bedeutet hätte. Bei de Gaulles Armee stellte sich dasselbe Problem, aber auch da setzte Moltke durch, daß sie als Kombattanten behandelt wurden.

Aus dem März 1941 gibt es eine Vorlage Moltkes an den Chef der Abteilung Ausland. Darin heißt es: »Ich erfahre, daß der Chef des Sonderstabes besonderes Gewicht darauf legt, daß der britische Gesandte in der Schweiz, Sir David Kelly, beseitigt wird.« Nachdem der Vorschlag, die Ausweisung des Gesandten aus der Schweiz zu verlangen, sich als undurchführbar erwiesen hatte, wurde die Gestapo angewiesen, Kelly zu ermorden. Nach vielen Mühen gelang es Moltke mit Hilfe von Canaris, diesen Plan zu verhindern.

Zuweilen, besonders bei Partisanen und Geiseln, geht es um ganze Gruppen. Im Juni 1943 schreibt Helmuth Moltke aus Brüssel an seine

Frau: »Zu meiner großen Freude hat sich mein letzter Besuch dahin ausgewirkt, daß seitdem keine Belgier mehr strafweise deportiert worden sind... Nun habe ich mit Craushaar verabredet, daß er die 300 Geiseln, die er noch sitzen hat, aus der Geiselhaft entläßt. Dann bedeuten diese Tage, daß ich zusammen mehr als 1000 Menschen die Freiheit verschafft habe, wenn alle halten, was sie versprochen haben.«

Ich selber habe Helmuth Moltke mehrfach gesehen, aber gekannt habe ich ihn nicht. Er war – anders als Peter Yorck – schwer zugänglich, distanziert, kühl und schweigsam. Darum möchte ich mich darauf beschränken, hier einige Zitate aus seinen Briefen anzuführen, weil sie am besten deutlich machen, warum er ein Zentrum für so viele, ganz verschiedene Menschen gewesen ist.

Die meisten Briefe sind an seine Frau gerichtet.

September 1941: »Die Tage rasen dahin. Es kommt mir so schnell vor, weil ich den Verfall sehe, und jeder Tag, der vergeht, ohne daß diesem Elend und Morden Einhalt geboten wird, verpaßter Zeit gleichkommt. Außerdem kostet jeder Tag 6 000 Deutsche und 15 000 Russen an Toten und Verwundeten. Jede Stunde kostet 350 Deutsche und 600 Russen, jede Minute 4 Deutsche und 10 Russen. Das ist ein schrecklicher

Preis, der jetzt für Untätigkeit und Zögern bezahlt werden muß.«

Oktober 1941: »Der Tag ist voller grauenhafter Nachrichten: In Serbien sind an einem Ort zwei Dörfer eingeäschert worden, 1 700 Männer und 240 Frauen sind hingerichtet. Das ist die ›Strafe‹ für den Überfall auf drei deutsche Soldaten. In Griechenland sind 240 Männer eines Dorfes erschossen worden. Das Dorf wurde niedergebrannt, Frauen und Kinder an der Stätte zurückgelassen, um ihre Männer und Väter und ihre Heimstatt zu beweinen. In Frankreich finden umfangreiche Erschießungen statt, während ich hier schreibe. So werden täglich sicher mehr als tausend Menschen ermordet, und wieder Tausende deutscher Männer werden an den Mord gewöhnt. Und das alles ist noch ein Kinderspiel gegen das, was in Polen und Rußland geschieht. Darf ich denn das erfahren und trotzdem in meiner geheizten Wohnung am Tisch sitzen und Tee trinken? Mach' ich mich dadurch nicht mitschuldig? Was sage ich, wenn man mich fragt: Und was hast du während dieser Zeit getan?«

April 1942 an Lionel Curtis, den Philosophen und Staatsrechtler, der Berater vieler britischer Staatsmänner und Gründer des Royal Institute of International Affairs war: »... Können Sie sich vorstellen, was es bedeutet, als Gruppe zu arbeiten, wenn man das Telephon nicht benutzen kann, wenn man die Namen seiner nächsten Freunde anderen Freunden nicht nennen darf, aus Angst, daß einer von ihnen erwischt wird und die Namen unter Druck preisgegeben werden könnten?

Die Zahl der Deutschen, die im Moment noch auf legalem Weg durch Verurteilung vor ordentlichen Gerichten getötet worden sind, beträgt 25 täglich und vor Kriegsgerichten wenigstens 75. Täglich werden Hunderte in Konzentrationslagern und durch Erschießen ohne Gerichtsverhandlung getötet. Die ständige Gefahr, in der wir leben, ist furchtbar. Gleichzeitig ist der größte Teil der Bevölkerung entwurzelt, zur Zwangsarbeit eingezogen und über den ganzen Kontinent verstreut. Dadurch sind alle Bande der Natur und des Umgangs zerrissen, das Tier im Menschen ist frei geworden und herrscht.«

Oktober 1942: »... Ich habe es bisher nicht geglaubt, aber er hat mir versichert, daß es stimme: In diesen Hochöfen werden täglich 6000 Menschen ›verarbeitet‹. Er war in einem Gefangenenlager etwa sechs Kilometer entfernt, und die Offiziere haben es ihm als absolut sicher berichtet. Außerdem haben sie ganz phantastische Geschichten über einige der dort eingesetzten Herren erzählt...«

Juni 1943: »Ich ging gestern gleich in eine Sitzung, die bis 11 Uhr dauerte und mir viel Freude machte. Ich war nämlich in die Mördergrube von führerhörigen Generälen und Offizieren des OKW geraten und habe sie samt und sonders mit wilden Attacken in die Flucht geschlagen. Sie wiesen mich darauf hin, daß dem, was ich wolle, ein Führerbefehl entgegenstünde, worauf ich erwiderte: ›Aber, meine Herren, Sie können sich doch nicht hinter einem Führerbefehl verkriechen. Wir würden doch unsere Pflicht dem Führer gegenüber auf das gröbste verletzen, wenn wir hinter unseren ruhigen Schreibtischen zu feige wären, dem Führer zu sagen, daß er bei Erlaß jenes Befehls falsch beraten worden ist, und wenn dann wegen dieser unserer Feigheit draußen unsere Leute umgelegt werden!‹ So in dieser Tonart etwa bin ich mit diesen ekelhaften Schleimern umgesprungen, und obwohl mal der eine oder der andere einen roten Kopf bekam, sind sie schließlich alle davongelaufen...«

Am 25. März 1943 an Lionel Curtis: »Außerdem wissen wir ziemlich zuverlässig, daß es 16 KZs mit eigenen Krematorien gibt. Mit Sicherheit wissen wir, daß Scharen von Deutschen, wahrscheinlich viele Hunderte täglich, auf verschiedene Weise getötet werden. Und diese Menschen sterben keinen ruhmvollen Tod wie jene in den besetzten Ländern, die wenigstens in dem Bewußtsein sterben, daß ihre Landsleute sie für Helden halten. Unsere Leute sterben einen schmählichen Tod. Sie wissen, daß man sie auf eine Stufe mit Räubern und Mördern stellt.«

November 1943: »... Gestern sah ich ein eindrucksvolles Bild: In einem der Trümmerhaufen, an denen ich vorbeifuhr, war anscheinend ein Geschäft für Faschingsutensilien gewesen. Deren hatten sich Kinder im Alter von vier bis vierzehn Jahren bemächtigt, hatten sich bunte Mützen aufgesetzt, hielten Fähnchen und Lampions in der Hand, warfen Konfetti und zogen lange Papierschlangen hinter sich her. In diesem Aufzug zogen sie über die Trümmer. Ein unheimliches Bild, ein apokalyptisches Bild...«

Januar 1944: »... Welch ein Jahr liegt vor uns! Hinter diesem Jahr werden, falls wir es überleben, alle anderen Jahre verblassen. Wir waren gestern früh in der Kirche und haben das Jahr mit einer mächtigen Predigt von Lilje über Joel 2, 21 begonnen. Ich glaube, daß dies die beste Predigt war, die ich bisher gehört habe; und sie war so grundlegend für das Jahr 44... Wir können nur hoffen, daß wir die Kraft haben werden, uns der Aufgabe, die dieses Jahr uns stellen wird, würdig zu erweisen. Und wie könnten wir das, wenn wir nicht bei allem Übel, das uns zustoßen wird, bei all dem Leid, bei all den Schmerzen, die wir werden erdulden müssen, wüßten, daß wir in Gottes Hand stehen. Das darfst Du nie vergessen.«

Januar 1945: »... Zunächst muß ich sagen,

Der Oberreichsanwalt
beim Volksgerichtshof

Berlin W 9, den 25. Januar 1945.
Bellevuestraße 15
Fernsprecher 21 85 41

Geschäftszeichen: O J 21/44.
(Bitte in der Antwort anzugeben)

An

Frau Freya Gräfin von M o l t k e

in

K r e i s a u (Kr. Schweidnitz).

Der ehemalige Rechtsanwalt Helmuth Graf von M o l t k e ist wegen Hoch- und Landesverrats vom Volksgerichtshof des Großdeutschen Reiches zum Tode verurteilt worden.

Das Urteil ist am 23. Januar 1945 vollstreckt.

Im Auftrage

daß ganz offenbar die letzten 24 Stunden eines Lebens gar nicht anders sind als irgendwelche anderen. Ich hatte mir immer eingebildet, man fühle das nur als Schreck, daß man sich sagt: Nun geht die Sonne das letztemal für dich unter, nun geht die Uhr nur noch zweimal bis 12, nun gehst du das letztemal zu Bett. Von all dem ist keine Rede. Ob ich wohl ein wenig überkandidelt bin? Denn ich kann nicht leugnen, daß ich mich in geradezu gehobener Stimmung befinde. Ich bitte nur den Herrn im Himmel, daß er mich darin erhalten möge, denn für das Fleisch ist es sicher leichter, so zu sterben. Wie gnädig ist der Herr mir gewesen! Selbst auf die Gefahr hin, daß das hysterisch klingt: Ich bin so voll Dank, eigentlich ist für nichts anderes Platz. Er hat mich die zwei Tage so fest und klar geführt: Der ganze Saal

Das sogenannte Berghaus in Kreisau, in dem die drei wichtigsten Treffen der Verschwörer (1942 und 1943) stattgefunden haben.

hätte brüllen können, so wie der Herr Freisler, und sämtliche Wände hätten wackeln können, und es hätte mir gar nichts gemacht.«

⋆ ⋆ ⋆

Im Januar 1944 wurde Moltke verhaftet, und zwar nicht wegen seiner offiziellen oder inoffiziellen Aktivitäten, sondern aus einem ganz dummen Grund: Bei Frau Solf, der Witwe des Botschafters Solf, hatte eine der üblichen Teegesellschaften stattgefunden, zu der Oppositionelle sich gelegentlich zusammenfanden. Beim letzten Mal hatte auch ein Schweizer Arzt namens Paul Reckzeh daran teilgenommen. Dieser, als zuverlässiger Freund der Hausfrau geschildert, erwies sich als Gestapo-Agent. Es dauerte nicht lange, und alle Teilnehmer wurden verhaftet; unter ihnen befand sich auch Otto Kiep, der frühere Generalkonsul in New York. Kiep war irgendwann zuvor von Moltke gewarnt worden, daß sein Telefon überwacht werde. Diese Tatsache, die sich im Verlauf der Verhandlung herausgestellt hatte, führte schließlich zu Moltkes Verhaftung.

Ein Jahr später, am 23. Januar 1945, wurde er hingerichtet. An jenem Tag schreibt seine Frau an Dorothy Thompson, eine bekannte amerikanische Journalistin, mit der Helmuth befreundet war und zeitweise zusammengearbeitet hatte; sie schildert, daß dank dem Gefängnispfarrer Pölchau fast täglich eine briefliche Verbindung zwischen ihnen möglich war, und schreibt: »Helmuth war ganz bereit zu sterben. Es lohne sich, im Kampf gegen den Nationalsozialismus sein Leben zu lassen, denn das bedeute, um der europäischen, christlichen Sache willen zu sterben. Er war ungebrochen, unverändert ruhig, ja, gelegentlich glücklich. Zwar hat er auch gelitten, aber er blieb innerlich unberührt – weder Freisler noch irgendeiner dieser Leute konnte ihm nahe kommen. Er hat nie seine Freiheit verloren – eher hat er sie gefunden.«

Einige Jahre nach dem Krieg schrieb mir ein Unbekannter, er habe eine Wallfahrt nach Kreisau unternommen und dort verschiedene Leute nach dem Weg zu Moltkes Haus gefragt. Antwort: Moltke? – Moltke, nie gehört...

Peter Graf Yorck von Wartenburg
Mit seismographischem Gefühl für Recht und Gerechtigkeit

Im Juli 1940, Polen war längst erobert, Frankreich besiegt und der Freundschaftsvertrag mit Rußland noch nicht gebrochen – Hitler also auf dem Gipfel der Macht –, trafen sich Moltke und Schulenburg mit Peter Yorck in dessen Berliner Haus in der Hortensienstraße, um darüber zu beraten, was nach dem Zusammenbruch des Regimes geschehen müsse. Denn daß dieses Regime ungeachtet der zunächst glänzenden Siege letztlich zusammenbrechen würde, darüber gab es für sie keinen Zweifel.

Peter Yorck war zusammen mit neun Geschwistern in Klein-Öls, einer säkularisierten Malteser-Kommende, in Schlesien aufgewachsen. Dieser Besitz war dem Feldmarschall, der 1812 gegen den Befehl seines preußischen Königs mit dem kommandierenden russischen General die Konvention von Tauroggen abgeschlossen hatte, als Dotation verliehen worden. Über Generationen waren die Klein-Ölser Yorcks recht ungewöhnliche Leute. Literatur, Kunst und Philosophie spielten bei ihnen zu allen Zeiten eine gewichtige Rolle. Schelling war ein Freund des Hauses, mit Schleiermacher wurde korrespondiert, Ludwig Tieck vermachte dem Sohn des Feldmarschalls, der den Romantikern nahestand und engagiert für die jüdische Einbürgerung eintrat, seine Bibliothek. Dessen Sohn Maximilian war der Autor eines ungewöhnlichen Buches, »Weltgeschichte in Umrissen«.

Peters Großvater Paul, Verfasser wichtiger philosophischer Schriften, war eng befreundet mit Dilthey. Peters Vater Heinrich, der sich gern als »Seiner Majestät loyale Opposition« bezeichnete, trat demonstrativ von seinem schlesischen Landratsposten zurück, als Kaiser Wilhelm II. fünf Landräte in Schleswig-Holstein entließ, die im Landtag gegen sein Kanalprojekt gestimmt hatten. In seinem Demissionsschreiben begründete er diesen Schritt: Er wolle nicht auch in die Verlegenheit kommen, sich wegen Meinungsverschiedenheiten mit Seiner Majestät in Auffassungen, die zu vertreten ihn sein Gewissen verpflichte, hinauswerfen zu lassen, wie wenn er silberne Löffel gestohlen hätte.

Von frühester Jugend an schärfte Heinrich Yorck seinen Kindern ein, daß man die Prinzipien des Staates verteidigen müsse, auch gegen den Träger der Krone. Er sprach sieben Sprachen, war universal gebildet und verfügte über ein umfassendes klassisches Fachwissen. Die Antike war seine geistige Heimat. Für sie hatte er auch seine Frau – die ihm zuliebe Griechisch gelernt hatte – und die Kinder so stark zu interessieren gewußt, daß in Klein-Öls die Platonischen Dialoge gelegentlich mit verteilten Rollen im Urtext gelesen wurden.

Abends, vor dem Schlafengehen, versammelte Heinrich Yorck häufig die Kinder um sich und las ihnen vor – ganz ohne Rücksicht auf ihr Alter; oder er sagte am Bett der Älteren ein Goethesches Gedicht auf, gerade so, wie es ihm durch den Kopf ging. Peter und sein älterer Bruder Paul (Bia) kannten auf diese Weise über hundert Gedichte Goethes und große Teile des Faust auswendig.

Die Erziehung im Hause war bewußt preußisch: Pflicht wurde großgeschrieben, eine Korrektur der dadurch bedingten Strenge lag in der Rolle, die Goethe im Hause spielte, und wohl auch im Wesen der süddeutschen Mutter, einer Nachkommin des Götz von Berlichingen. Sie war künstlerisch interessiert und strahlte viel Wärme aus. Die geistige Atmosphäre war auf vielfältige Weise lebendig und außerordentlich anspruchsvoll. In der weltberühmten Bibliothek, die zeitweise Joachim Ringelnatz betreute, standen hundertfünfzigtausend Bände: die klassische Literatur Europas in den Originalsprachen oder in Ausgaben der Zeit war mehr oder weniger vollständig vorhanden; weitere Sammelgebiete waren Geschichte, Philosophie und Theologie.

Die üblichen Gäste waren Professoren, Politiker, hohe Militärs. Häufig hatte man dreißig bis vierzig Personen zu Tisch, wovon allerdings die Familie mit ihren zehn Kindern allein oft schon die Hälfte stellte, jedenfalls wenn man Hauslehrer und Gouvernanten dazurechnete. »Standesgenossen« wurden in Klein-Öls eigentlich nur zu den Jagden eingeladen; sie wären ohne solchen Anlaß wohl auch nicht so gern gekommen, weil die Atmosphäre von so viel Bildung sie wohl eher erschreckt hätte.

Peter, der zweite Sohn des Hauses, wurde Jurist. Sein Referendar-, Assessor- und Doktorexamen absolvierte er, ohne daß in der Familie Aufhebens davon gemacht wurde. Sein älterer Bruder erfuhr erst bei Ausbruch des Krieges, daß Peter Leutnant der Reserve war. Nie sprach er über sich selbst. Er war ganz ohne persönlichen Ehrgeiz – immer an der Sache orientiert. Alle seine Handlungen und Überzeugungen waren durch sein untrügliches Stilgefühl geprägt, das weder aristokratischem Snobismus noch ästhetischer Manie entsprang, sondern wirklich Ausdruck seines innersten Wesens war. Der Politik galt nicht sein Hauptinteresse, eher der Literatur, Philosophie und theologischen Problemen. Peter und seine Frau Marion verkehrten gern mit Künstlern und Professoren; der Maler Luckner war ein großer Freund des Hauses. Mit der Partei hatten sie nichts im Sinn.

Peter hatte ein seismographisches Gefühl für Recht und Gerechtigkeit, ohne Moralist zu sein. Ausgesprochene Großzügigkeit zeichnete ihn aus, bei gleichzeitiger Bescheidenheit. Für sich selbst war er eher bedürfnislos, obgleich er schöne Dinge liebte und auch von gutem Essen, besonders von Weinen, viel verstand. Als er in der Krisenzeit 1930/1931 beim Kommissar für die Osthilfe in Berlin arbeitete, kam er eines Tages in seinem alten Opel ohne Mantel und Schuhe nach Hause. Er hatte sie irgend jemand gegeben, von dem er meinte, er habe sie nötiger als er selber.

Nach dem Tod seines Vaters erbten Peter und die jüngeren Geschwister das Gut Kauern, das zu Klein-Öls gehörte. Dort setzte er im Laufe der Jahre manche der sozialen Ideen, die ihn beschäftigten, in die Tat um. So gab es in Kauern schon lange vor dem Krieg einen Kindergarten für die Gutsleute und einen Gemeinschaftsraum, auch ein gewisses Mitbestimmungsrecht und Gewinnbeteiligung.

Unter Kollegen und bei seinen Vorgesetzten galt er als hervorragender Verwaltungsfachmann. Über den Oberregierungsrat aber kam er nicht hinaus, weil er es kategorisch ablehnte, in die Partei einzutreten. Seine Brüder Bia und Hans weigerten sich, als sie Reserveoffiziere eines Reiterregiments werden sollten, einer Aufforderung des Wehrbezirkskommandos nachzukommen und ihre Loyalität dem Nationalsozialismus und Hitler gegenüber zu erklären. Hans ist als Wachtmeister in Polen gefallen; Bia blieb lange Zeit Wachtmeister, bis er wegen besonderer Tapferkeit schließlich auch ohne diese Erklärung Offizier wurde. Wenn die Vorgesetzten gewußt hätten, daß er nie Munition für seinen Karabiner bei sich trug, um nicht in die Verlegenheit zu kommen, auf Menschen schießen zu müssen, hätten sie ihn vielleicht nicht befördert. Bia war eine kurze Zeit lang sehr angetan vom Nationalsozialismus; er war in die Partei eingetreten und hatte Klein-Öls den Parteioberen geöffnet. Aber nach dem Röhm-Putsch im Jahre 1934 erreichte er ein Parteiausschlußverfahren gegen sich selbst. Er wurde ausgeschlossen. Nach dem 20. Juli wurde er enteignet und kam ins KZ.

Während des Krieges arbeiteten in Kauern polnische Kriegsgefangene. Eines Morgens hatte einer von ihnen in einer Kurzschlußhandlung den Inspektor mit der Peitsche angegriffen. Peter, der zum Wochenende von Berlin, wo er beim Reichskommissar für Preise arbeitete, herübergekommen war, ergriff sofort die Initiative: Er wußte, daß der Pole mit Sicherheit im KZ enden würde. Den ganzen Morgen lief er von einem zum anderen, redete allen Leuten gut zu und verpflichtete sie zum Schweigen. Tatsächlich hielten alle dicht, und Pjotr wurde gerettet.

Als Peters Frau und seine jüngste Schwester im Mai 1945 von Berlin zu Fuß nach Schlesien wanderten, trafen sie Pjotr auf der Landstraße, irgendwo in der Nähe von Kauern. Er war wohl auf dem Heimweg nach Polen, aber anstatt heimzukehren, nahm er sich der beiden Frauen an, blieb während der ganzen Zeit bei ihnen und dolmetschte für sie, was den Umgang mit den Russen sehr erleichterte.

Peter Yorck war eine Mischung aus höchst heterogenen Eigenschaften – Gegensätze, die ihn auf seltsame Weise zu einem harmonischen, unglaublich liebenswerten Menschen werden ließen. Er war in vielerlei Hinsicht konservativ, Familie und Tradition bedeuteten ihm viel (in Klein-Öls lebte man auf fast chinesische Weise mit seinen Ahnen), allen Utopien stand er skeptisch gegenüber, war aber gleichzeitig in sozialen Fragen außerordentlich modern; für alles Neue aufgeschlossen, nicht himmelstürmend, sondern gewissermaßen wohlüberlegt. Gewinnend liebenswürdig, vor allem als Gastgeber, konnte er dennoch brüsk bis zur Feindseligkeit sein, wenn er auf Heuchelei stieß oder ihn jemand mit leeren Phrasen abzuspeisen versuchte.

Als ruchbar wurde, daß er Mitglied der Bekennenden Kirche war, mußte er aus dem Preiskommissariat ausscheiden. Er war tief religiös. Wenn ich aus Ostpreußen herüberkam und in der

Peter Yorck von Wartenburg ging es um ein neues Bild des politischen Menschen auf christlich-humanistischer Basis. Seit 1938 traf er sich regelmäßig mit gleichgesonnenen Freunden. Sie berieten über die Prinzipien einer neuen Verfassung für die Zeit nach Hitler, wobei das Recht Grundlage und Mittelpunkt allen Denkens bildete.

Hortensienstraße am Botanischen Garten bei Peter und Marion Yorck wohnte, und wenn es zufällig Sonntag war, wurde ich Zeuge, wie er morgens nach dem Frühstück eine riesige, pergamentgebundene Bibel mit schönen Vignetten holte und einen Abschnitt daraus vorlas. Aber es gab normalerweise sicher niemanden, der diese Seite von ihm wahrnahm: Er hatte nichts Frömmelndes oder Pietistisches. Im Gegenteil, er hatte ein gewisses Vergnügen an Ironie, wirkte oft sarkastisch. Manche Leute hielten ihn deshalb für »hochgestochen«.

Tatsächlich hielt er gerne Abstand, aber nicht aus Hochmut, sondern eher aus Scheu, um sich nicht decouvrieren zu müssen. Bemerkenswert war seine Begabung zur Freundschaft. In der Zusammenarbeit mit dem politischen Freundeskreis war er Mittler zwischen so verschiedenen Menschen wie Stauffenberg, Beck, Julius Leber, Adam Trott und seinem engsten Freund, Helmuth Moltke.

Die beiden – Moltke und Yorck – hatten sich erst verhältnismäßig spät kennengelernt. Sie hatten sich nur einmal, 1938, bei einer Familienfeier getroffen – erst zwei Jahre später begann ihre Freundschaft. Am 16. Januar 1940 schreibt Moltke in einem Brief an seine Frau: »Zu Mittag habe ich mit Peter Yorck gegessen oder vielmehr bei ihm. Er wohnt draußen am Botanischen Garten in einem winzigen Haus, das sehr nett eingerichtet ist. Ich glaube, wir haben uns sehr gut verständigt, und ich werde ihn wohl öfter sehen ...«

Das war der Beginn einer Freundschaft, die mit der Feststellung begann, daß das moralisch-politische Koordinatensystem übereinstimmte, die dann jahrelang um Gleichgesinnte warb, sich durch Erarbeitung der Grundlagen für das Deutschland nach Hitler festigte und schließlich für beide am Galgen in Plötzensee endete.

Alle Freundschaften politisch engagierter Menschen fingen damals so an. Zuallererst wurde abgetastet, wes Geistes Kind der andere sei. So stark war das Bedürfnis, Gesinnungsfreunde zu finden, daß man mit der Zeit einen sechsten Sinn für diese Kunst entwickelte und natürlich auch für die Gefahren, die damit verbunden waren.

Mir ist es häufig so ergangen, daß ich während eines kurzen Sachgesprächs in einer gleichgültigen Behörde plötzlich an irgendeinem Wort, manchmal nur an einem Attribut erkannte: »Der da ist einer, den man brauchen könnte.« Oder daß ich bei einer beliebigen Versammlung plötzlich spürte, da drüben in der Ecke steht einer, der denkt wie du. Dieser Urinstinkt zur Solidarität gedeiht offenbar nur unter äußerstem Druck. Er war übrigens unerläßlich, auch gerade für meine Aufgabe: in Ostpreußen herauszufinden, wer für unsere Aufgabe brauchbar sei – also zu versuchen, die politische Haltung eines potentiellen Gesinnungsgenossen zu ergründen, gegebenenfalls Einfluß auf ihn zu nehmen, aber ohne ihn zum Geheimnisträger zu machen.

Als Yorck und Moltke einander begegneten, bildete jeder von ihnen bereits den Mittelpunkt eines Freundeskreises. Moltke war damals dreiunddreißig Jahre, Yorck drei Jahre älter. Für beide Gruppen waren etwa die gleichen Grundelemente entscheidend.

Yorck, der konservativer als Moltke war, hatte die engeren Beziehungen zu den Militärs, er kannte Beck, Claus Stauffenberg, war verwandt mit Fritzi Schulenburg und Caesar Hofacker – sein Haus in der Hortensienstraße war fast immer der Treffpunkt für alle. Im Grunde wäre es eigentlich zutreffender gewesen, die beiden integrierten Freundeskreise nach der Hortensienstraße zu benennen und nicht nach Kreisau, weil hier während der vier entscheidenden Jahre ungezählte Besprechungen stattgefunden haben. Nachdem Helmuth Moltke und Eugen Gerstenmaier, der seit 1942 dazugehörte, im März 1943 zu den Yorcks gezogen waren, kam man dort noch häufiger zusammen.

Die erste Zusammenkunft in der Hortensienstraße fand 1938 nach der sogenannten »Kristallnacht« statt. Diese erste offene Terroraktion

Pater Delp vor dem Volksgerichtshof; im Hintergrund sieht man Helmuth Moltke und Eugen Gerstenmaier. Delp war ein engagierter Berater der Kreisauer für die Planung des sozialen Aufbaus im Nach-Hitler-Deutschland.

gegen die Juden hatte Peter Yorck tief erschüttert und empört. Sofort hatte er Gleichgesinnte eingeladen, um zu beraten, ob man etwas tun könne. Und als er dann im Frühjahr 1939 von einer Dienstreise in die Tschechoslowakei mit dem Resümee zurückkam: »Was dort vor sich geht, ist reiner, simpler Imperialismus«, gab es für ihn nur noch eine Verhaltensmöglichkeit: Widerstand.

Allmählich, vor allem nach der ersten Begegnung von Moltke und Yorck im Januar 1940, bildete sich eine bewußte Oppositionsgruppe, die systematisch Kontakte knüpfte zu einzelnen Spezialisten und Leuten in Schlüsselstellungen, die über besondere Informationen verfügten, oder zu Mittelsmännern, die ganze neue Gruppen erschließen konnten. In diesem Sinne waren auch beide Kirchen von größter Wichtigkeit, weil sie legale Verbindungen zur Außenwelt unterhielten. Über Hans Schönfeldt, Direktor der Forschungsabteilung des Weltrats der Kirchen in Genf, bekamen Theodor Steltzer und von der Gablentz gelegentlich Zugang zu einer der ökumenischen Konferenzen in Genf, wo sie übrigens 1939 John Foster Dulles und Max Huber, den Außenminister der Schweiz, trafen.

Die katholische Kirche war vielleicht noch wichtiger, weil sie die Masse der Gläubigen erreichte. Die beiden Jesuiten, die dem Kreisauer Kreis angehörten – Pater Delp und Pater

Pater Augustin Roesch, Provinzial der Jesuiten (Mitte). Seit 1935 wurde der Jesuitenorden von der Gestapo scharf überwacht und einige seiner Vertreter wegen »Verbrechen gegen das Heimtückegesetz« verurteilt. Pater Roesch sowie die Jesuiten Alfred Delp und Lothar König arbeiteten auf Bitten Moltkes im Widerstand mit.

Roesch –, waren imstande, viele wichtige Verbindungen zu halten. Außerdem: Die Bischöfe konnten damals Dinge sagen, die zu äußern kein anderer sich leisten konnte. Über den Bischof von Berlin, Graf Preysing, den er häufig sah, fand Moltke schließlich sogar die Möglichkeit, einen Hirtenbrief zu beeinflussen. Pater Delp ist auch hingerichtet worden: Auf dem Weg zum Galgen winkte ihm der Gefängnispfarrer zu – Delp rief zurück: »In zehn Minuten werde ich mehr wissen als Sie!«

Daß ein Umsturz unvermeidlich war, daß man sich dafür voll einsetzen mußte, wurde Peter Yorck schon sehr früh klar. Aber für ihn wie auch für Moltke, die beide sehr bewußt als Christen lebten, war die Vorstellung, Hitlers Ermordung planmäßig zu organisieren, ein schwieriges Problem, das anderen nicht so zu schaffen machte. Moltke weigerte sich, Verbrecher durch ein Verbrechen zu beseitigen. Yorck teilte seine Meinung nicht ganz so eindeutig, und in der letzten Phase hat er sich dann ganz zur Tat durchgerungen. Alle miteinander aber hielten es für ihre Pflicht, darüber nachzudenken, was getan werden müsse, wenn es einmal so weit sein würde und wie das von Hitler befreite Deutschland beschaffen sein sollte.

Viel wurde über die letzten Dinge der Politik gegrübelt, über die Rolle des Staates und die

Grenzen der Freiheit. Da gab es auch zwischen den beiden führenden Freunden nicht zu allen Zeiten vollkommene Übereinstimmung, wie ein Briefwechsel vom Juni 1940 zeigt. Peter Yorck, der, wie er ausdrücklich sagte, unter Freiheit die Freiheit des anderen verstand, aber dennoch die Skepsis des Konservativen gegenüber der moralischen Standfestigkeit des Menschen teilte, befürchtete, wenn sich alles nur um die individuelle Freiheit drehe, würde die Gemeinschaft zu kurz kommen. Er war überzeugt, daß die Gesellschaft mehr ist als nur die Summe der Individuen, die sich gegenseitig die Freiheit garantierten. Es gebe eben, meinte er, einen Staat, und den müsse man schützen, aber auch er unterliege moralischen Forderungen.

Moltke schrieb in seiner Antwort an Yorck: »Ich kann keine ethischen Prinzipien entdecken, die für etwas anderes Gültigkeit besitzen als für menschliche Beziehungen. Wenn wir den Staat als moralische Persönlichkeit sehen, geraten wir, glaube ich, auf dem Weg über Hegel zur Vergöttlichung des Staates.«

Während Peter Yorck und Helmuth Moltke kompetente, integre Menschen sammelten, die den neuen Staat bauen und regieren sollten, und während sie sich bemühten, gemeinsam mit diesen moralische und politische Maßstäbe für das zukünftige Deutschland zu entwickeln, wurden die oppositionellen Offiziere von Zweifeln hin- und hergerissen: In der Phase spektakulärer Siege war es zu früh, Hitler umzubringen, zu groß schien die Gefahr einer Dolchstoßlegende; und als die Rückschläge einsetzten, war es vielleicht schon zu spät, um etwas anderes als bedingungslose Kapitulation zu erreichen. Dennoch wurden immer wieder Vorbereitungen für ein Attentat getroffen, die immer wieder auf fast magische Weise scheiterten, weil Hitler seine festgesetzten Pläne oder vorgesehenen Routen änderte.

Ein großer Schock für alle war es, als im Februar 1943 auf der Casablanca-Konferenz Roosevelts Formel »Bedingungslose Kapitulation« von den Alliierten angenommen wurde. Ich war an jenem Tag in Berlin in der Hortensienstraße und hörte diese Botschaft zusammen mit Peter Yorck in den Abendnachrichten. Es war klar, was das bedeutete; nun würde der Kampfruf »Bis zum letzten Mann ...« jeglichen Widerstand unendlich erschweren. Darum wurden im Jahr 1943 die Bemühungen, das Attentat durchzuführen, mit gesteigerter Intensität vorangetrieben – vor allem seit Stauffenberg im Herbst zum Chef des Stabes bei General Olbricht ernannt und nach Berlin kommandiert worden war. Von nun an wurde die Zusammenarbeit zwischen Stauffenberg, Schulenburg, Moltke, Yorck und Schwerin immer enger.

Ulrich Wilhelm Schwerin von Schwanenfeldt war seit 1938 als Mittler zwischen Militär, Abwehr und den Kreisauern tätig, seit 1943 vor allem bei Stauffenberg. Er wurde zusammen mit Fritzi Schulenburg, Peter Yorck und Berthold Stauffenberg (Bruder von Klaus) in der Bendlerstraße verhaftet und im September hingerichtet.

Ich habe gelegentlich mit Eugen Gerstenmaier, der Peter Yorck sehr nahe stand und der den 20. Juli überlebt hatte, darüber gestritten, wo Peter heute wohl politisch stehen würde. Ich war nicht Gerstenmaiers Meinung, daß er sich zu einem Konservativen, also zum CDU-Anhänger, entwickelt hätte. Zwar war sein angeborenes Stilgefühl konservativ, aber im Laufe der Zeit hatte er sich, so schien mir, von der Mitte immer weiter nach links entwickelt. Immer schon war er so stark von sozialen und humanitären Aspekten bestimmt, daß der reine Materialismus der ersten zwei Jahrzehnte nach 1945 – jene Zeit, in der der Erfolg zum Maß aller Dinge wurde – diesen Teil seines Wesens sicherlich noch viel stärker herausgefordert hätte. Schließlich kam in allem, was die Freunde damals dachten und wofür sie standen, neben der Kritik am Kommunismus auch eine große Skepsis dem Kapitalismus gegenüber zum Ausdruck.

Ich denke, Peter Yorck wäre heute im Verhältnis zum Staat, den er schützen wollte, ein Konservativer, gegenüber den Mitbürgern ein Liberaler und gegenüber der Gesellschaft um der Gerechtigkeit willen, die ihm so viel bedeutete, ein sozialer Demokrat. Dies mögen Hypothesen sein. Eines aber steht für mich fest. Auch für ihn wäre es am Anfang, genau wie für mich, schwer gewesen, sich auf ein Leben einzustellen, in dem es vor allem um Karriere, Lebensstandard und persönliche Sicherheit ging und nicht mehr darum, Treuhänder oder Sachwalter für eine dem Persönlichen übergeordnete Sache zu sein.

Peter Yorck war einer der ersten, die im Schauprozeß vor dem Volksgerichtshof auftreten mußten. Zitate aus seiner Vernehmung:

Yorck: »Herr Präsident, ich habe bereits vor meiner Vernehmung angegeben, daß ich mit der Entwicklung, die die nationalsozialistische Politik genommen hat...«

Freisler, ihn unterbrechend: »Nicht einverstanden...! War! Sie haben, um es konkret zu sagen, erklärt, in der Judenfrage passe Ihnen die Judenausrottung nicht, die nationalsozialistische Auffassung von Recht hätte Ihnen nicht gepaßt!«

Yorck: »Das Wesentliche ist, was alle diese Fragen verbindet, der Totalitätsanspruch des Staates gegenüber dem Staatsbürger unter Ausschaltung seiner religiösen und sittlichen Verpflichtung Gott gegenüber.«

Freisler: »Nun sagen Sie einmal, wo hat denn der Nationalsozialismus die sittlichen Verpflichtungen eines Deutschen ausgeschaltet? Der Nationalsozialismus hat die sittlichen Verpflichtungen eines Deutschen, des deutschen Mannes, der deutschen Frau unendlich gesundet und unendlich vertieft. Daß er sittliche Verpflichtungen ausgeschaltet hätte, das habe ich noch nie gehört.«

Yorck nannte im Verlauf der Verhandlung als das Hauptmotiv für seine Beteiligung am Attentat die Morde in Polen. Diese für ihn und einige der anderen Oppositionellen typische Einstellung stammte nicht etwa aus der Zeit, da schließlich allen klar wurde, daß der Krieg verloren war, sie hatte sein und der Freunde Urteil schon bestimmt, als noch die Sondermeldungen über deutsche Siege in Polen tagtäglich durch den Rundfunk rauschten.

Bald nach der siegreichen Beendigung des Polenfeldzugs, am 21. November 1939, schrieb der damalige Leiter der Gruppe III in der Operationsabteilung des Generalstabs, Generalmajor Stieff, der nach dem 20. Juli ebenfalls hingerichtet wurde: »Man bewegt sich hier nicht als Sieger, sondern als Schuldbewußter.« Und im Gedanken an die SS setzte er angesichts der Verbrechen, die eine »organisierte Mörder-, Räuber- und Plünderbande« anrichtete, hinzu: »Ich schäme mich, ein Deutscher zu sein.«

Als Peter Yorck, noch nicht vierzig Jahre alt, in Sträflingskleidung und mit ungefügen Holzpantoffeln – der vorgeschriebenen Kleidung – zum Galgen ging, stolperte er. Er stolperte, sagte: »Hoppla!«, ging, wie Pfarrer Poelchau berichtete, einen Schritt zurück und machte ihn noch einmal ... Ganz so, wie ein alter Aberglaube seiner schlesischen Heimat es vorschrieb. Vielleicht wollte er damit den Nazis beweisen, daß selbst in dieser äußersten Lebenssituation ihre Macht zwar seinen Tod beschließen, ihm aber nichts anhaben könne.

Heinrich Graf Lehndorff
Zweimal war er schneller als die Häscher

Meine nächsten Verwandten in Ostpreußen waren die Steinorter und die Preyler Lehndorffs. Steinort, das in der Verleihungsurkunde des Ordens als »die große Wildnis in Masuren« bezeichnet wurde, war von 1420 bis zur Hinrichtung des letzten Besitzers im Jahre 1944, also über fünfhundert Jahre, Eigentum der Familie. Dann wurde Steinort von den Nazis beschlagnahmt.

Der letzte Besitzer, »Heini« Lehndorff, Erbe des kinderlosen Onkels in Steinort, war zusammen mit seiner Schwester in Preyl aufgewachsen. Da meine Geschwister sehr viel älter waren als ich, sind wir drei, die wir etwa gleichen Alters waren, während einiger Jahre zusammen erzogen worden; wir erlebten Abenteuer, Unterricht, auch Strafen gemeinsam, vor allem aber saßen wir täglich viele Stunden auf den Pferden.

Im Grunde waren es weniger die Eltern und Erzieher – Gouvernanten und Hauslehrer –, die uns prägten als das Hinein-gewoben-Sein in eine vom Praktischen bestimmte Gemeinschaft. Alle waren sie Lehrmeister, unerbittlich strenge Lehrmeister: Bis ins Mark drang der Schrecken, wenn Ludolf, der Oberkutscher, seine Feldwebelstimme erhob, weil irgendeine Arbeit, die man im Stall übernommen hatte, schlecht oder nur halb ausgeführt worden war; oder wenn der Stellmacher drohende Flüche ausstieß, weil das bei ihm für den Bau eines Kaninchenstalls entliehene Werkzeug nicht vollzählig und pünktlich zurückgebracht worden war. Wehe, die Köchin erwischte einen dabei, daß man beim Herrichten jagdlicher Trophäen Unordnung in der Küche hinterließ, oder der Diener entdeckte Spuren schmutziger Schuhe auf dem Parkett.

Aber wenn uns der Bannstrahl der Eltern traf, wurden alle diese strengen Kritiker zu Schutzpatronen. Hieß es etwa: »Ohne Abendbrot ins Bett!«, so konnte man sicher sein, daß im Nachttisch verborgen ein Teller mit Butterbroten stand, die viel liebevoller zubereitet waren als üblicherweise. Wann immer elterliche Verbote übertreten wurden, waren da unzählige gute Geister, die unsere Spuren verwischten und beteuerten, sie hätten selbst gesehen, wie wir den ganzen Nachmittag über in unsere Schularbeiten versenkt gewesen seien.

Nur eines nahm uns niemand ab: Verantwortung da, wo wir mit von der Partie gewesen waren. Wenn Flurschaden entstand, weil beim Indianerspiel mit der gesamten Dorfjugend das Zubehör der Leiterwagen zum Lagerbau verwendet worden war oder ein kriminalistisch angelegter Raubzug in das wohlverschlossene

Weinhaus veranstaltet wurde, dann gingen alle straffrei aus, nur wir nicht. Wenn irgendwo etwas fehlte, irgend jemand in Not geraten oder ihm Ungerechtigkeit widerfahren war, dann waren wir die Mittler zwischen unten und oben – das war so selbstverständlich wie die Tatsache, daß wir und niemand anderer kollektive Dummheiten zu verantworten hatten.

Dies war die Welt, in der Heini Lehndorff heranwuchs. Sie mag letztlich der Grund gewesen sein, warum er in einer Zeit, da niemand geradestand für das, was in Deutschland geschah, weil jeder sich durch »höheren Befehl« exkulpiert meinte, die volle Verantwortung in die eigenen Hände nahm und sein Leben einsetzte. Er war am 20. Juli 1944 fünfunddreißig Jahre alt.

Großvater Lehndorff, der langjährige Flügeladjutant Wilhelms I., hatte das zinnenreiche Schloß in Preyl kurz nach der Jahrhundertwende gebaut. Von ihm gab es ein Bild, das ihn in großer Uniform in der eleganten Manier jener Zeit mit langen Bügeln auf einem Grauschimmel sitzend zeigte. Das Bild hing nicht an der Wand, sondern es stand auf einer Staffelei im »Gelben Salon«. Ein verblichenes Couvert, das auf die Rückseite geklebt war, enthielt, von uns Kindern sehr bestaunt, eine Kugel, die den alten Kaiser verwundet hatte, als Nobiling am 2. Juni 1878 in Berlin auf ihn schoß. Es war jenes Attentat, das Bismarck zum Anlaß für das Sozialistengesetz genommen hat.

Preyl war in Ostpreußen das einzige große Haus aus modernen Zeiten. Anders als in Schlesien, wo der Reichtum, den Kohlegruben und Industrie brachten, in den Gründerjahren auch auf dem Land meist recht geschmacklosen Ausdruck gefunden hatte, gab es in Ostpreußen keinen großen Landsitz, der in der zweiten Hälfte des 19. Jahrhunderts erbaut oder auch nur umgebaut worden wäre. Fast alle repräsentativen Schlösser waren unter dem ersten preußischen König zu Beginn des 18. Jahrhunderts errichtet worden, und seither hatte man maßvoll und gemessen ohne jedes Prunkbedürfnis in ihnen gelebt.

Im August 1939 trafen wir uns alle in Königsberg mit dem Gefühl, dies werde wohl das letzte Mal sein. Wir hatten keinen Zweifel daran, daß Hitler den Krieg wollte und nichts anderes als den Krieg. Nie werde ich den Moment vergessen, als wir vor dem Hotel »Berliner Hof« standen und Heinis jüngerer Bruder sich von meinen Brüdern verabschiedete. Er war damals dreiundzwanzig Jahre alt, ein großgewachsener, ernster, fast klassisch schöner Jüngling, der im 1. Infanterieregiment als Leutnant diente. Seine letzten Worte waren: »Auf den Barrikaden sehen wir uns wieder!«; dabei leuchteten seine Augen, wie ich es seit Kindertagen an ihm nicht mehr erlebt hatte.

Er war sehr früh, schon vor Ausbruch des Krieges, mit den ersten Anfängen der Widerstandsbewegung in Verbindung gekommen und war ganz erfüllt von der Aufgabe, Deutschland von der Geißel Hitler zu befreien. Zwei Monate, nachdem im Juni 1941 der Krieg gegen Rußland begonnen hatte, ist er als Kompanieführer in Estland gefallen.

Für Heini Lehndorff war der Verlust dieses einzigen Bruders ein herber, kaum zu verwindender Schlag. Zweifellos hat das Gefühl, die Aufgabe erfüllen zu müssen, die dieser sich gesetzt hatte, seinen Entschluß mitbestimmt, die Beziehung zur Opposition aufzunehmen. Er selber war zu jener Zeit als Ordonnanzoffizier bei General Fedor von Bock, dem späteren Generalfeldmarschall und Oberbefehlshaber der Heeresgruppe Mitte im Osten. Bei ihm hatte er immer schon mit kritischen Augen den Rußlandfeldzug mitgemacht, bis zu einem Ereignis, das ihn mit äußerstem Abscheu erfüllte.

Bei Borissow hatte die SS in Bocks Befehlsbereich grausame Judenmassaker durchgeführt, ohne daß der General – wie seine jungen Offiziere forderten – sich im Führerhauptquartier dagegen aufgelehnt hätte. Das war für den Ordonnanzoffizier Heini Lehndorff, der eigentlich ein unpolitischer Mensch war, der letzte Anstoß, sich ganz in den Dienst der Widerstandsbewegung zu stellen. Jahrelang hat er von da an als Kurier Nachrichten hin- und herbefördert: zwischen Stauffenberg und dem Hauptquartier, das sich auf seinem Besitz im Mauerwald eingerichtet hatte, und zwischen der Front und der militärischen Zentrale des Widerstands daheim, also zwischen Tresckow und Stauffenberg.

Er war es auch, der nach der Landung der Alliierten in der Normandie Tresckow im Auftrag Stauffenbergs die Frage stellte, ob es unter diesen Umständen noch Sinn habe, am Staatsstreich festzuhalten. Tresckows Antwort, die Lehndorff Stauffenberg überbrachte: »Das Attentat muß erfolgen, coûte que coûte. Sollte es nicht gelingen, so muß trotzdem in Berlin gehandelt werden.«

Lehndorff und Graf Hans-Carl Hardenberg, auf dessen Besitz Neuhardenberg viele Treffen stattgefunden haben, waren von Tresckow dazu ausersehen worden, im Sinne der Verschwörer Einfluß auf ihren Chef, General Bock, zu nehmen. Es war ein vergeblicher Versuch: Bock war zwar kein Nazi, aber er war führertreu, eitel und ehrgeizig.

Schließlich nahte der 20. Juli 1944. Heini Lehndorff war damals als Betriebsleiter seiner Güter vorübergehend vom Militärdienst freigestellt worden und befand sich zu Hause in Steinort, wo der Hauptteil des Schlosses inzwischen als »Feldquartier« für den Außenminister von

Ribbentrop requiriert worden war. Am 19. Juli erreichte ihn die Nachricht, es werde am folgenden Tag losgehen. »Endlich!« war sein erleichterter Kommentar. Viele Male in den letzten Jahren waren alle Eingeweihten in Alarmbereitschaft versetzt worden, aber jedesmal hatte die »Vorsehung« das Zustandekommen des Attentats vereitelt. Nun also sollte es endlich soweit sein.

Es war sieben Uhr morgens, wenige Stunden bevor Stauffenbergs Bombe explodierte, als er sich aufmachte. Er zog sich im Wald um, denn Ribbentrops Sicherheitspolizei durfte nicht sehen, daß er Uniform trug, um an diesem Tag nach gelungenem Attentat beim Wehrbezirkskommando Königsberg die Übernahme der Macht auf die vorgesehene neue Führung zu leiten.

Den ganzen Tag über hatte er in Königsberg gewartet, aber keine Nachricht war durchgekommen; nur das Gerücht, ein Attentat – in Mauerwald verübt – sei fehlgeschlagen und Hitler wohlbehalten. Lehndorff fuhr, Verzweiflung im Herzen, die einhundertfünfzig Kilometer zurück, ließ das Auto auf einem Vorwerk stehen, bestieg sein Pferd und ritt, scheinbar von den Feldern heimkehrend, in Steinort auf den Hof.

Es war klar, daß es nur sehr kurze Zeit dauern konnte, bis man allen Beteiligten auf der Spur sein würde; darum galt es, sofort einen Entschluß

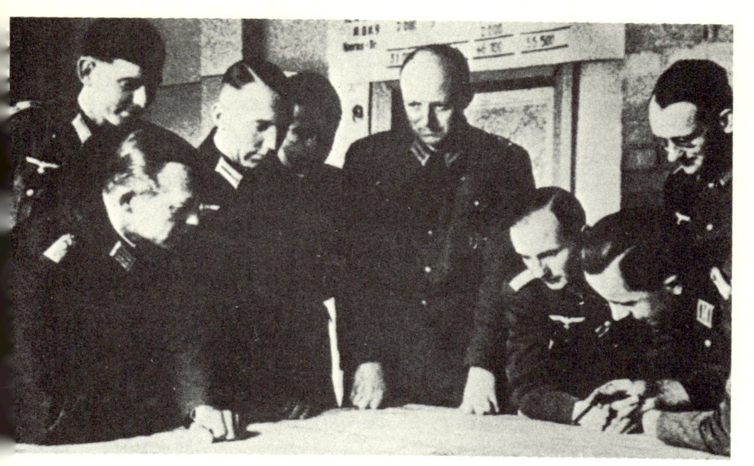

Henning von Tresckow (Bildmitte), Ia der Heeresgruppe Mitte, hatte seinen Stab mit Hitlergegnern besetzt. Er war Kopf und Herz des militärischen Widerstandes und der eigentliche Organisator des Aufstandes. Ein dutzendmal seit Frühjahr 1942 war er an der vergeblichen Vorbereitung des Attentats beteiligt. Immer wieder versuchte er, einen der Feldmarschälle zum Mitmachen zu bewegen – ohne Erfolg. Am Tag nach dem 20. Juli nahm er sich das Leben.

zu fassen: Bleiben bedeutete den sicheren Tod, Fliehen mochte für ihn die Rettung sein. Was aber würden sie – die Schergen – seinen drei Kindern und seiner Frau antun, die in jenen Wochen ihr viertes Kind erwartete? Seinem Leben selber ein Ende bereiten, nicht die letzte Verantwortung für das tragen, was man im vollen Bewußtsein der Konsequenzen getan hatte? Bleiben? Flucht? Selbstmord? Bleiben?

Am nächsten Tag fuhr ein Auto vor, Lehndorff stand gerade am Fenster und sah mit einem Blick, daß die, die da ausstiegen, Gestapo-Beamte waren. Wenn bis zu diesem Augenblick das Mühlrad Bleiben? – Flucht? – Selbstmord? sich in seinem gedankenleeren Hirn gedreht hatte, ohne auch nur einmal innezuhalten – jetzt, da es um eine rasche Reaktion ging, jetzt wußte er: Von diesen da würde er sich nicht fangen lassen.

Im Bruchteil einer Sekunde war er verschwunden. Niemand hat gesehen, auf welche Weise. Seine Frau nicht und auch die Leute nicht. Offenbar war er aus dem ersten Stock in den Park gesprungen und rannte nun dem See und dem schützenden Wald zu. Er rannte um sein Leben, denn wenige Minuten später hatten die Verfolger mehrere Wolfshunde losgelassen, die sofort die Spur aufnahmen und mit riesigen Sprüngen hinter ihm her hetzten. Bald aber hatten sie die Spur verloren, denn der Flüchtende – gleichermaßen vertraut mit Jagd und Natur – war weite Strecken am Ufer des Sees im Wasser gelaufen.

Zu Hause warteten sie klopfenden Herzens. Würde er es schaffen? Das ganze Gebiet, so hieß es, sei bereits abgesperrt. Aber er kannte ja jeden Wildwechsel im Wald und jedes Versteck, er würde sie schon überlisten. Da rief er plötzlich, viele Stunden später, von einem weit entfernten Vorwerk an, seine Frau möge ihn abholen. Er hatte es sich anders überlegt; die Sorge um das Schicksal seiner Familie war stärker als der Selbsterhaltungstrieb. So stellte er sich freiwillig den Verfolgern.

Die Gestapo-Beamten nahmen ihn mit und lieferten ihn in das Gefängnis in Königsberg ein. Nach zehn Tagen kam der erste Brief. Der Wächter, dessen Freundschaft zu gewinnen ihm rasch gelungen war, hatte ihn herausgeschmuggelt. Sehnsüchtig sah der Gefangene die Wolken am vergitterten Fenster vorbeiziehen und trug ihnen Grüße auf für Steinort.

Schon wenige Tage später wurde er zusammen mit anderen nach Berlin abtransportiert. Als der Polizeiwagen nachts vor dem Gefängnis in der Prinz-Albrecht-Straße hielt, gelang ihm, was keinem anderen gelungen war: herauszuspringen und zu flüchten – übermächtig war seine Sehnsucht nach Freiheit.

Noch in derselben Nacht wurde in der ganzen Mark Brandenburg die »Landwacht« mobilisiert. Dennoch gelang es dem Flüchtling, der sich tagsüber verborgen hielt und nachts wanderte, bis in die Gegend von Neustrelitz in Mecklenburg zu kommen, obgleich ihm im Gefängnis die Schnürsenkel abgenommen worden waren und die Schuhe daher nicht festsaßen, was ihm schließlich zum Verhängnis wurde. Nach vier Tagen waren seine Füße so wund, daß er keinen Schritt mehr tun konnte.

Als letzte Hoffnung blieb, in einem einsamen Forsthaus für ein paar Tage Zuflucht zu finden. Aber der Förster, an dessen Tür er in der ersten Morgendämmerung klopfte, war der Chef der örtlichen Landwacht und hatte nicht den Mut, einen steckbrieflich Verfolgten aufzunehmen. Nach kurzer Bedenkzeit, in der auch für ihn der Gedanke an seine Familie den Ausschlag gegeben haben mochte, lieferte er den Hilfesuchenden aus. Wie er später berichtete, hatte Heini Lehndorff ihn weder gedrängt noch gebeten, ihm vielmehr kurz berichtet und dann darauf bestanden, er müsse die Gefahr bedenken, ehe er sich entscheide, ihm Asyl zu gewähren.

Sobald die Flucht bekannt geworden war, hatte die Gestapo die gesamte Familie verhaftet, die Eltern, die Schwester, die Frau, die acht Tage später im Gefängnis ein Kind zur Welt brachte

Heini Lehndorff, 1942, mit den beiden ältesten Töchtern Vera und Nona, die von der Gestapo ohne Adressenangabe verschleppt worden waren und erst nach Monaten wiedergefunden wurden.

und gleich darauf in ein Straflager verbannt wurde. Schlimmer als dies: Zuvor waren zwei SS-Männer gekommen und hatten von der unglücklichen Mutter die Herausgabe der drei kleinen Mädchen verlangt, die sieben, fünf und zwei Jahre alt waren. Sie packten sie in ihren Wagen und fuhren davon – niemand hatte eine Ahnung, wohin.

Erst Wochen später erfuhr man, daß sie zusammen mit den Kindern aller anderen am Attentat Beteiligten in Thüringen verborgen wurden – unter falschen Namen, um jegliche Erinnerung zu tilgen. Durch ein Wunder gelang es, sie später alle wieder ihren Familien zuzuführen.

Heini Lehndorff wurde nach schweren Mißhandlungen wieder in das Berliner Gefängnis eingeliefert. Ein kurzer Prozeß vor Freislers Volksgerichtshof folgte, wo er sich zu seiner Tat und zu seiner Haltung bekannte und keinen Versuch machte, sich herauszureden. Und dann, am 4. September 1944, das Ende am Galgen von Plötzensee.

Erst viel später kam sein letzter Brief. Zwischen jenem ersten, der von der Sehnsucht sprach, mit der er den Wolken nachblicke, und diesem letzten aus dem Bunker des Volksgerichtshofs lagen nur vier Wochen. Aber dieses letzte Lebenszeichen ist der Brief eines gereiften

Mannes, eines tief überzeugten Christen, der auch nach eingehender Gewissensprüfung nichts von dem, was er getan hat, zurücknimmt. Und der durchdrungen ist von der Gewißheit der Gnade.

Anfang September fuhr ich nach Berlin. Unter dem Vorwand, ich müsse mich um Steinort kümmern, versuchte ich, die Genehmigung zu erwirken, Heini Lehndorff zu sehen. Mit einigem Bangen betrat ich den Volksgerichtshof, denn die Gestapo war auch schon bei mir gewesen.

Tatsächlich gelang es mir, zu dem Leitenden Staatsanwalt Schulze vorzudringen. Er saß an seinem Schreibtisch, vor sich einen großen Stoß Akten. Als ich nach Lehndorff fragte, begann er in dem Stoß zu suchen. Während er blätterte, murmelte er: »Dieser Stauffenberg, was für ein Dämon – jeder hat sich auf ihn bezogen«, und dann: »Ah, hier ist Lehndorff... Ja, den können Sie nicht mehr sehen, der ist vor zwei Tagen hingerichtet worden.«

Adam von Trott zu Solz
Von den Freunden verkannt und verdächtigt

In einer Novelle von E.T.A. Hoffmann wäre der junge Adam Trott wohl als Liebling der Götter bezeichnet worden: begabt, von hoher Intelligenz, ungewöhnlich gutaussehend, großgewachsen, voller Charme, liebenswürdig. Mit siebzehn Jahren hatte er Abitur gemacht und mit einundzwanzig das Doktorexamen bestanden. Die Dissertation »Hegels Staatsphilosophie und das internationale Recht« war mit summa cum laude bewertet worden.

Adam von Trott zu Solz, 1909 geboren, war fünfunddreißig, als er, wie die meisten der gleichgesinnten Freunde, nach dem 20. Juli in Plötzensee hingerichtet, vielmehr ermordet wurde. Sein Vater war der preußische Kultusminister, der im Jahr 1911 die Kaiser-Wilhelm-Gesellschaft zur Förderung der Wissenschaften – die Vorläuferin der heutigen Max-Planck-Gesellschaft – gegründet hatte. Die Mutter war eine Tochter des Generals von Schweinitz, der einer der großen Botschafter Bismarcks gewesen ist.

Von Anbeginn an hat Adam Trott die Nazis gehaßt. Er war der einzige Referendar seines Jahrgangs, der sich geweigert hat, in die Partei einzutreten. Zweimal waren ihm die diesbezüglichen Antragsformulare übersandt worden, das zweite Mal von dem für ihn zuständigen Präsidenten des hessischen Oberlandesgerichts persönlich. Beide Male schickte er die Formulare ununterschrieben zurück. Natürlich trug ihm dies Nachteile ein: Er wurde nicht Regierungsreferendar und ist nicht, wie er gehofft hatte, nach Berlin versetzt worden, sondern mußte zunächst in Hessen bleiben.

Als junger Mensch stand er in seinen politischen Ansichten sehr weit links. Sein Freund und Kollege, Albrecht von Kessel, beschreibt seine »armselige Studentenbude« in Berlin, wo er zwischen Werken von Karl Marx und Gedichten von Hölderlin endlose Diskussionen mit sozialistischen und kommunistischen Arbeitern führte.

Sicherlich ist es eine schwere Entscheidung für einen begabten jungen Menschen gewesen, der natürlich ehrgeizig war und etwas leisten wollte, vor die Entscheidung gestellt zu sein: Entweder Karriere zu machen – wozu er wie wenige andere das Zeug hatte –, oder im Schatten zu leben und seinen Grundsätzen treu zu bleiben.

Zunächst allerdings wurde er dieser prekären Entscheidung enthoben, denn er bekam ein Stipendium des »Rhodes Trust« und ging 1931 als »Rhodes Scholar« nach Oxford. Dort erfreute er sich einer Sonderstellung wie kein anderer ausländischer Student zu jener Zeit: Er war außerordentlich beliebt bei den Jungen und geachtet bei den Offiziellen. Er kannte Churchill sowie Lord Lothian, den späteren Botschafter in Washington, Minister Sir Stafford Cripps, den Außenminister Halifax und die Astors. Die Deutschland Wohlgesonnenen meinten, in Adam Trott endlich einen Deutschen gefunden zu haben, der so war, wie sie ihn sich wünschten.

Aber es dauerte nicht lange, da sah Trott sich vor eine Alternative gestellt: Die Engländer, die seine Ansichten über den Nationalsozialismus kannten, konnten sich nicht vorstellen, warum er 1933 zurück nach Deutschland wollte, anstatt in England zu bleiben. Wie konnte denn, so dachten sie wohl, ein anständiger Deutscher seinem Vaterland dienen, ohne moralisch vor Hitler zu kapitulieren.

Adam aber liebte sein Land. Er war ein wirklicher Patriot, und überdies wußte er, daß eine Befreiung von der Herrschaft des Nationalsozialismus nicht von außen erfolgen konnte, sondern nur von innen. Sein Entschluß, nicht zu emigrieren, stand also fest. Er ging im Sommer 1933 zurück nach Deutschland. Sehr viel später – längst war er eng verwoben in die Verschwörer-Pläne –, als er im Mai 1944 nach Italien geschickt wurde und seinen Freund Albrecht von Kessel in Venedig traf, mag er vielleicht darüber nachgedacht haben, sich abzusetzen (was dort leicht gewesen wäre), aber es zog ihn zurück zu den Freunden nach Berlin.

Die Folge war, daß ihn in England viele seiner besten Freunde für einen verkappten Nazi hielten, manche sogar für einen Spion; selbst die Liebe seiner Oxforder Jahre, die junge Journalistin Shiela Grant Duff, die im Gegensatz zu ihm antifaschistische Solidarität über nationalen Patriotismus stellte, verstand ihn nicht. Der einzige, der treu zu ihm hielt, war David Astor, der spätere Eigentümer und Chefredakteur des »Observer«. In der »Times« vom Juni 1982 – im Nachklang zu einer Debatte über den deutschen Widerstand – klagte David Astor seine Landsleute an, weil sie Trott nicht moralisch unterstützt haben, als er vor und während des Krieges in London um Verständnis für den Widerstand warb.

Vor ein paar Jahren, im Juli 1986, fand an der Universität Leeds in Schottland eine faszinierende deutsch-englische Begegnung statt. Zeitzeugen und junge Historiker, die die Ereignisse jener Jahre nur aus den Akten kannten, stellten ihre jeweilige Sicht dar. Unvermeidlicherweise kam es dabei zu heftigen Auseinandersetzungen. Die Zeitzeugen zeigten sich verärgert darüber, daß für die Wissenschaftler alles, was in den Akten steht, und eigentlich nur das, Gültigkeit besitzt; sie stellten grollend fest, daß Zeitzeugen offenbar als störend empfunden würden und die Historiker sich viel lieber an Akten orientierten, weil die nicht widersprechen können.

»Wissen Sie denn nicht«, attackierte die Engländerin Chris Bielenberg den Historiker Hans Mommsen, »wie solche Schriftstücke zustande kamen? Wie oft habe ich mit Adam Trott zusammengesessen und überlegt, wie wir dieses oder jenes offizielle Schriftstück noch besser tarnen, noch etwas irreführender abfassen könnten – und dann kommen Sie vierzig Jahre später und studieren es so gläubig wie die Bibel.«

Hinsichtlich der Verschwörung des 20. Juli sind Akten wirklich fragwürdige Quellen, denn sie stammen zum großen Teil aus den Kaltenbrunner-Berichten, also aus den Ermittlungen der Gestapo. In vielen Fällen gibt es gar keine anderen Zeugnisse, also keine Briefe, Tagebucheintragungen oder Denkschriften.

Das Bemühen mancher Historiker, die verschiedenen Beteiligten zu kategorisieren, als Konservative, Nationalkonservative, Linke, Rechte u.s.w., erscheint mir nicht nur irreführend, sondern abwegig: Ist Moltke, der mit vielen Sozialisten eng befreundet war, aber einen Mord, also das Attentat, aus ethisch religiösen Gründen strikt ablehnte, ein Linker oder ein Rechter? Ist Yorck, der vielen Militärs nahe-

Adam Trott und David Astor – enge Freunde seit der gemeinsamen Zeit im Balliol-College in Oxford. Hier in Clifton, bei Lord und Lady Astor, hatte der Deutsche die Möglichkeit, bedeutende britische Politiker zu treffen.

stand, aber sehr »fortschrittliche« Ideen über den Aufbau der neuen Gesellschaft und die sozialen Erfordernisse hatte und der in der letzten Phase ohne Einschränkung für das Attentat eintrat, ein Konservativer oder ein Liberaler?

Sind die, die gegen den Versailler Vertrag oder den polnischen Korridor polemisierten, weil diese Themen der nationalsozialistischen Agitation die besten Argumente lieferten, als Nationalkonservative wirklich richtig kategorisiert – Nationalkonservative, denen es angeblich um die Restauration des deutschen Reiches ging? Axel Bussche hat einmal gesagt: »Meine Zielvorstellung war nicht die Erhaltung des Reiches von 1937 oder 1918 oder so was – meine Zielvorstellung war: Das muß aufhören.«

Das war gerade das Besondere all dieser Freunde, daß sie nicht als Exponenten gewisser Gruppen oder einer bestimmten Schicht handelten, sondern als einzelne Menschen, die sich für das Geschehen der Zeit verantwortlich fühlten. Wie sonst wäre wohl diese große Koalition zwischen Militärs, Sozialisten, Grafen, Kirchen und Gewerkschaften möglich geworden?

Von Oxford ging Adam also zurück nach Berlin. Dort arbeitete er in der Anwaltskanzlei von Paul Leverkühn und kümmerte sich um gefährdete jüdische Bekannte und Freunde. Um ihn wiederum kümmerte sich Albrecht Bernstorff, der, seit er 1933 den diplomatischen Dienst verlassen hatte, als Berater beim jüdischen Bankhaus Wassermann tätig war.

Als Trott das nächste Mal nach England reiste, stieß er auf noch mehr Argwohn und Abwehr, weil er natürlich darauf bedacht sein mußte, nicht als ausgesprochener Regimegegner zu erscheinen. Zum Widerstand gehört ja immer auch ein gewisses Maß an Anpassung und Camouflage, um keinen Verdacht zu erwecken. Dies aber haben die Engländer offensichtlich nicht verstanden; sie meinten wohl, wer nicht emigriere, der müsse ein Nazi sein.

Eines Tages kam Trott auf die Idee zu versuchen, ob es nicht möglich sei, das dritte Oxforder Studienjahr an einer Universität in China zu verbringen. Dank der Hilfe von Lord Lothian ging dies: Er bekam dreihundertfünfzig Pfund ausgezahlt, Sponsoren bezahlten die Reise, und Trott verbrachte annähernd zwei Jahre in Fernost.

Im März 1937 hatte er sich auf den Weg gemacht, und zwar über New York, wo er eine Reihe wichtiger Persönlichkeiten traf. Unter anderen Felix Frankfurter, Richter am Obersten Bundesgericht, der als Berater von Roosevelt, so hoffte Trott, ihm den Zugang zum Präsidenten ermöglichen könnte. Aber Roosevelt wollte nicht, vielleicht, weil Frankfurter der Meinung war, die Gestapo protegiere Trotts Reise. Auch

Professor Maurice Bowra, ein Bekannter Adams in Oxford, der den gleichen Verdacht hegte, hatte gewarnt. In seinen Memoiren schreibt Bowra: »Ich konnte nicht glauben, daß die Gestapo einen so offensichtlichen Gegner in der Welt herumreisen und seine Ansichten so frei zum Ausdruck bringen lassen würde, und schöpfte deshalb Verdacht...«

Nach Trotts Rückkehr aus Ostasien erhielt er eine Beamtenanstellung als Legationsrat im Auswärtigen Amt; bis dahin hatte er nur in loser Form zum diplomatischen Dienst gehört. Sein erster großer Auftrag wurde ihm im Juni 1939 zuteil: Ribbentrops Amt schickte ihn nach London. Aufgrund seiner guten Beziehungen zu den Engländern, seiner Kenntnis des Londoner Milieus und der englischen Sprache, die er in allen Nuancen beherrschte, sollte er die dortige Stimmung ergründen und gleichzeitig die Engländer über die deutschen Gefühle aufklären – also ihnen klarmachen, daß Deutschland sich durch die englische Garantie für Polen vom März 1939 eingekreist fühle und zu allem entschlossen sei.

Da war Adam Trott wieder in einer »Zwickmühle«: Den Engländern sollte er Vorhaltungen machen, obgleich diese natürlich keinerlei Schuldgefühle hatten, im Gegenteil zornig waren über Hitler, der das Abkommen von München gebrochen hatte und in Prag einmarschiert war. Lord Lothian sagte, die Nachricht von Prag habe die Engländer genauso erregt und mit Zorn erfüllt wie 1914 die Verletzung der Neutralität Belgiens. War also dieser Auftrag schon schwer genug, weit quälender noch war das Gefühl, wieviel wichtiger es wäre, den Briten klarzumachen, auf welche Weise sie der Opposition gegen Hitlers Regime helfen könnten.

Trott hatte dank der Protektion von Lord und Lady Astor die Möglichkeit, an einem Wochenende in Clivden – dem Sitz der Astors – den Außenminister Halifax, Lord Lothian und Sir Thomas Inskip, Minister für die Koordinierung der Verteidigung, zu treffen, ihnen seine Botschaft vorzutragen und darüber zu diskutieren. Auch wurde er am 7. Juli 1939 vom Premierminister Chamberlain in Downing Street No. 10 empfangen.

Als er nach Berlin zurückkam, schilderte er die Entschlossenheit der Engländer, was Ribbentrop, der das Gegenteil verkündete, sehr geärgert hat. Der Außenminister war zornig darüber, daß es im Auswärtigen Amt offenbar Mitarbeiter gab, die seine Illusionen nicht teilten. Das hielt er für Verrat. Darum ließ er sich zu der Drohung hinreißen: »Falls der Führer beschließt, auf die polnischen Provokationen zu antworten und die polnische Frage zu lösen, so wird er den polnischen Staat innerhalb von vierundzwanzig Stunden zerschlagen. England wird es nie wagen, ihm dabei entgegenzutreten, sonst würde es gleichfalls geschlagen und sein Weltreich verlieren, während Frankreich, falls es sich einmischen sollte, am Westwall verbluten wird. Wenn ich höre, daß einer der Beamten sich anders äußert, so werde ich ihn im Büro persönlich erschießen und die Verantwortung dafür dem Führer gegenüber übernehmen.«

Im selben Jahr wurde Trott zu einem Kongreß des »Institute for Pacific Relations« nach Amerika eingeladen. Staatssekretär von Weizsäcker setzte gegen allerlei Widerstand durch, daß Trott nach USA entsandt wurde. Dank der Vermittlung von Felix Morley, dem Chefredakteur der »Washington Post«, bekam er die Möglichkeit, mehrere wichtige Persönlichkeiten zu treffen, unter anderen auch den Außenminister Cordell Hull. Roosevelt, der zunächst bereit gewesen war, ihn zu empfangen, lehnte letzten Endes doch wieder ab. Die Amerikaner waren zu jener Zeit noch weit intransigenter als die Engländer.

Dennoch war es Trott offenbar gelungen, seine Gesprächspartner für sich einzunehmen. Morley, den ich nach dem Krieg oft gesehen habe und mit dem mich eine herzliche Freundschaft verband, war voller Bewunderung, daß es einem so jungen Menschen gelingen konnte, eine allgemein negative und ablehnende Stimmung, mindestens für seine Person, in ihr Gegenteil zu verkehren. Bewirkt aber hat Adam wenig, weder für das Auswärtige Amt noch für den Widerstand.

Der Schriftsteller Giles MacDonough hat die Akten des amerikanischen Geheimdienstes FBI über Adam Trott ausgewertet und festgestellt, daß Trott während seines dreimonatigen Aufenthalts in Amerika (Oktober 1939-Januar 1940) von insgesamt sechsundvierzig Agenten des FBI überwacht worden ist. Sie sind – wie er in einem Buch schreibt, das im Juli dieses Jahres in England erscheinen wird – 7535 Meilen hinter ihm hergereist, haben die Namen von Dutzenden von Gesprächspartnern notiert und das Hotelzimmer über ihm gemietet, um dort die Abhörapparaturen zu installieren. Obgleich der Nutzen minimal war, weil Trott viele Unterhaltungen in Deutsch führte, denen das FBI nicht folgen konnte, war das Amt bereit, während Trotts häufiger Abwesenheit von New York pro Tag den Preis von einhundert Dollar zu zahlen, damit Trotts Zimmer unbelegt blieb.

Immer wieder hat Adam Trott bei seinen Reisen – außer offiziell Beauftragten konnte ja niemand reisen, weshalb er für die Kreisauer so unentbehrlich war –, immer wieder also hat er versucht, etwas für das gemeinsame Ziel zu erreichen. Gelegentlich hat er sich auch eine Reise »besorgt«, um eine Denkschrift des Widerstands ins Ausland zu bringen – was jedesmal mit Lebensgefahr verbunden war. Aber gerade das unvermeidlich Geheimnisvolle, das ihn umgab, ließ die Leute annehmen, daß er Spionage betreibe. Seine manchmal unberechenbare Offenheit, mit der er gelegentlich anti-nationalsozialistische Gedanken vertrat, deuteten für seine Gesprächspartner in die gleiche Richtung. Wie sonst, so mögen sie gedacht haben, hätte er sich solche Aussagen leisten können.

Von 1942 bis Mitte Juli 1944 hat er sechzehn Auslandsreisen unternommen, die meist auch den Zielen der Verschwörer dienten. Am wichtigsten wohl die, bei der er mit Hilfe von Dr. Visser't Hoofft vom Weltkirchenrat in Genf im April 1942 Verbindung mit Sir Stafford Cripps und George Bell, dem Bischof von Chichester, aufnahm. Beiden hat er eine von ihm selber verfaßte Denkschrift übergeben, die zu ergründen versuchte, unter welchen Bedingungen die Alliierten bereit wären, sich mit einem von Hitler befreiten Deutschland zu verständigen.

Von dieser Denkschrift sagte David Astor später: »Sie zeigte, daß Adam Trott über die Qualitäten und das Kaliber eines großen europäischen Staatsmannes verfügte.« Der Bischof von Chichester schrieb nach der Begegnung mit

Trott an Außenminister Eden: »Ich hoffe sehr, daß es Ihnen in naher Zukunft möglich sein wird, in einer nachdrücklichen und öffentlichen Weise klarzumachen, daß die britische Regierung nicht den Wunsch hat, ein Deutschland zu versklaven, das sich von Hitler, Himmler und deren Komplizen befreit hat.« Aber auch diese wichtige Hilfestellung führte zu nichts.

Dabei hat sicher eine Rolle gespielt, daß gerade zu der Zeit »die Endlösung«, von der man in Deutschland noch nichts wußte, im Ausland bekannt wurde. Kein Zweifel, daß dies die Abscheu den Nazis gegenüber geschürt, die Verdammung Deutschlands auf den Höhepunkt getrieben und schließlich in Casablanca zu der von allen Verschworenen so gefürchteten Forderung »Unconditional Surrender« geführt hat.

Bei der letzten Reise nach Schweden waren die Engländer, denen er eine Botschaft überbrachte, nicht einmal für den Fall, daß es den Verschwörern gelingen würde, Hitler zu stürzen und eine zivile Regierung einzusetzen, bereit, auf das weitere Bombardement Berlins zu verzichten. Trott war dennoch unermüdlich. Wenn er nicht von Natur ein unverwüstlicher Optimist, Idealist und in gewisser Weise wohl auch Irrealist gewesen wäre, hätte er die vielen Enttäuschungen jener Jahre wohl kaum ertragen.

Anfang 1940 reiste Trott, vom Kongreß des

»Institute for Pacific Relations« kommend, über Japan und Peking nach Berlin zurück und arbeitete von da an eng mit den Kreisauern zusammen, vor allem mit Schulenburg, Yorck und Schwerin. Nun wurden er und Hans-Bernd von Haeften innerhalb des Auswärtigen Amts zu entschlossenen Verfechtern des Widerstands.

Den größten bleibenden Eindruck von allen hat Stauffenberg auf Trott gemacht, den er allerdings erst verhältnismäßig spät durch Leber kennenlernte, mit dem ihn dann aber eine tiefe Freundschaft verband. Anders, wahrscheinlich fröhlicher und unbefangener, war seine jahrelange Beziehung zu Peter Bielenberg und dessen Frau, der Engländerin Christabel, genannt Chris. Wo immer es schwierig wurde für Adam und Hilfe unerläßlich war, Bielenbergs – oft selbst in Not – waren stets zur Stelle. Und wer je Adam und Chris, die beide ein ungewöhnliches Talent zu Heiterkeit und Witz hatten, zusammen erlebte, wird die Lachsalven nie vergessen, die ihre Geschichten produzierten.

Es gab noch einen Zwischenakt in Adam Trotts Leben, das bisher ganz auf den Widerstand innerhalb Deutschlands ausgerichtet war. Ein indischer Freiheitskämpfer, Subhas Chandra Bose, Führer des linken Kongreßflügels und Held der nationalistischen jungen Inder, war von glühendem Haß gegen die Engländer erfüllt und setzte gewisse Hoffnungen auf das nationalsozialistische Deutschland und das faschistische Italien.

Immer wieder war er von den Engländern eingesperrt worden. Schließlich aber gelang ihm die Flucht über Afghanistan, und als er 1941 in Deutschland eintraf, fand das Auswärtige Amt, daß man ihn samt seinem Haß auf die Engländer nutzbar machen sollte. So wurde die Idee geboren, eine indische Legion aufzustellen, denn bei den Kämpfen in Nordafrika waren viele indische Soldaten in deutsche Gefangenschaft geraten. Der Gedanke lag also nahe, diese Legion dem Subhas Chandras Bose zu unterstellen. Im Auswärtigen Amt wurde ein Indienreferat gebildet, dem Adam Trott zugeteilt wurde sowie zwei seiner Mitarbeiter und Gesinnungsfreunde, Alexander Werth und Franz Joseph Furtwängler. Aus vielerlei Gründen ist dieses Unternehmen aber nie zu einem wirklichen Erfolg geworden, auch nicht unter Boses Nachfolger Nambiar.

Indessen hatte im Bereich des deutschen Widerstands eine Kettenreaktion von Rückschlägen eingesetzt. Im April 1943 wurde ein unbekannter Mann wegen Devisenvergehens von der Gestapo verhaftet. Er kannte ein paar Zusammenhänge, die die Abwehr betrafen, und hat offenbar versucht, sich freizuschwätzen, indem er diese preisgab. Die Folge war, daß Oster und

Dohnanyi, wie auch Dietrich Bonhoeffer, verhaftet wurden. Damit entfiel die für den Widerstand lebenswichtige Schaltstelle: die Abwehr.

Im selben Monat war Claus Stauffenberg in Nordafrika schwer verwundet worden. Er hatte die rechte Hand, zwei Finger der linken und das linke Auge verloren. Feldmarschall Rommel, der nach einigem Zögern kurz zuvor seine Mitwirkung in Aussicht gestellt hatte, war ebenfalls in Nordafrika am 17. Juni bei einem Flugzeugangriff auf seinen Wagen so schwer verwundet worden, daß mit dem endgültigen Ausfall dieses für die Verschwörer so wichtigen, weil ranghöchsten und weltbekannten Militärs – für die Engländer war Rommel fast ein Mythos – gerechnet werden mußte.

Helmuth Moltke, der im Zusammenhang mit der Solf-Gesellschaft belastet worden war, die im Herbst des gleichen Jahres stattgefunden hatte, wurde im Januar 1944 verhaftet. Hatten die Freunde geglaubt, dies sei nun das Ende aller Attentatspläne, so kam bald noch ein weiterer schwerer Schlag hinzu, der die Entwicklung eher beschleunigte: Am 4./5. Juni 1944 wurden die beiden Sozialisten Leber und Reichwein verhaftet.

Dies war eine Nachricht, die vor allem Stauffenberg tief erschütterte. Die Mitwirkung von Leber, den er immer mehr zu respektieren be-

Adam Trott vor dem Volksgerichtshof. Als Angehöriger des Auswärtigen Amts war er unentbehrlich zur Beurteilung der außenpolitischen Lage und für Reisen ins Ausland. Auch draußen war er dazu verdammt, ein Doppelleben zu führen: Sein dienstlicher Auftrag war vom Regime, der innere Auftrag von den Feinden des Regimes. Hitlers Ernennung zum Reichskanzler im Jahr 1933 hat er stets als Katastrophe betrachtet. Am 26. August wurde er hingerichtet.

gonnen hatte, erschien ihm ganz unerläßlich, zumal er seit einiger Zeit den Gedanken favorisierte, Leber solle anstelle Goerdelers die Regierung im Nach-Hitler-Deutschland übernehmen. Stauffenbergs Entschluß stand fest: Jetzt mußte unter allen Umständen und so rasch wie möglich gehandelt werden. Noch einmal reiste Adam mit hilfeheischenden Botschaften nach Schweden.

Mit zu den letzten Aussagen über Adam gehört der Brief einer Schwedin, die auch diesmal, wie schon zuvor, dort für Trott sehr hilfreich war. Frau Almstrom schrieb an Clarita Trott einen Brief, den der englische Diplomat und Schriftsteller Christopher Sykes in seinem Buch über Adam Trott, »Eine deutsche Tragödie«, zitiert. Sie schreibt: »Es war ein Abend, an dem er geistig und körperlich erschöpft schien und ich ihm riet, zurück in sein Hotel zu gehen und zu schlafen. Er sah mich an und sagte: ›Warum soll ich schlafen, wenn noch soviel zu tun ist? Und, nebenbei gesagt, alte Leute brauchen nicht soviel Schlaf.‹ Worauf ich antwortete: ›Aber Sie sind erst fünfunddreißig.‹ ›Nein‹, sagte Adam, ›ich bin mindestens sechzig, und ich werde nie wieder jünger sein. Ich denke, ich habe getan, was ich vermutlich in meinem Leben zu tun hatte, und ich bin zum Sterben bereit, aber ein paar Dinge sind noch zu tun.‹ Am Tag, bevor er abfuhr, erzählte er mir, er sei von den Briten und Amerika-

Abschrift
1 L 292/44
O J 3/44 gRs.

Geheime Reichssache!

Im Namen des Deutschen Volkes!

In der Strafsache gegen

1.) Bernhard K l a m r o t h , ehem. Oberstleutnant i.G. aus Zossen, geboren am 20. November 1910 in Berlin,
2.) Hans-Georg K l a m r o t h , ehem. Major d.R. und Kaufmann aus Halberstadt, geboren am 12. Oktober 1898 in Halberstadt,
3.) Egbert H a y e s s e n , ehem. Major aus Nedlitz, geboren am 28. Dezember 1913 in Eisleben,
4.) Wolf Heinrich Graf H e l l d o r f , ehem. General der Polizei und Polizeipräsident aus Berlin-Lichterfelde, geboren am 14. Oktober 1896 in Merseburg,
5.) Dr. Adam von T r o t t zu S o l z , ehem. Legationsrat im Auswärtigen Amt aus Berlin-Dahlem, geboren am 9. August 1909 in Potsdam,
6.) Hans Bernd von H a e f t e n , ehem. Vortragender Legationsrat im Auswärtigen Amt aus Berlin-Dahlem, geboren am 18. Dezember 1905 in Charlottenburg,

sämtlich zur Zeit in dieser Sache in Polizeihaft,

wegen Landesverrats u.a.
hat der Volksgerichtshof, 1.Senat, auf die am 11. August 1944 eingegangene Anklageschrift des Herrn Oberreichsanwalts in der Hauptverhandlung vom 15. August 1944, an welcher teilgenommen haben

als Richter:
Präsident des Volksgerichtshofs Dr.Freisler, Vorsitzer,
Volksgerichtsrat Lämmle,
General der Infanterie ~~Reinecke~~,
Gartentechniker und Kleingärtner Kaiser,
Ingenieur Wernecke,

als

415114

nern gebeten worden, nicht nach Deutschland zurückzukehren, weil er in diesem Augenblick mehr Gutes außerhalb als in seinem Land tun könne. Adam schüttelte den Kopf und sagte: ›Vielleicht könnte ich – aber das ist keine Frage mehr für mich, ich habe für mein Vaterland getan, was ich konnte, aber ich habe auch eine Pflicht gegenüber denen, die sich der gleichen Sache geweiht haben. Ich muß mit ihnen teilen, was auch kommen mag. Und – da ist Clarita, und da sind die Kinder...‹«

Am 3. Juli kehrte Adam Trott nach Berlin zurück, am 25. Juli wurde er verhaftet und am 26. August hingerichtet.

Nie wieder ist bei uns so existentiell gelebt worden wie damals. So bewußt und so lange Zeit auf dem schmalen Grat zwischen Tod und Leben. Politik war zu jener Zeit stets mit dem Einsatz der ganzen Person verbunden. Für niemanden ist heute das Ausmaß des Risikos und die Dimension der Gefahr vorstellbar, in der jene jahrelang gelebt haben.

Noch viel weniger vorstellbar ist heute die letzte Phase vor dem Tod, die schon nicht mehr Leben genannt werden konnte, denn der Zorn des Tyrannen kannte keine Grenzen.

Am 3. August – zwei Wochen nach dem 20. Juli – hielt Himmler vor den versammelten Gauleitern in Posen eine Rede, in der er ankündigte, es werde eine »absolute Sippenhaft« eingeführt werden; zur Erläuterung sagte er: »Sie brauchen bloß die germanischen Sagen nachzulesen. Wenn eine Familie als vogelfrei erklärt oder in Acht und Bann getan wurde, oder wenn es sich um Blutrache handelte, dann hieß es: ›Dieser Mann hat Verrat geübt, das Blut ist schlecht – das Verräterblut muß ausgerottet werden.‹ Und bei der Blutrache wurde ausgerottet bis zum letzten Glied in der ganzen Sippe. Die Familie Stauffenberg wird ausgelöscht werden bis ins letzte Glied.«

Die »absolute Sippenhaft« wurde in der angedrohten Weise nicht eingeführt, aber die Verfahren waren nicht weniger unmenschlich und willkürlich. Tag und Nacht, im Schichtwechsel der Gestapo, wurden Vernehmungen durchgeführt, mit Folterungen jeglicher Art. General Karl-Heinrich von Stülpnagel, der sich bei einem Selbstmordversuch blind geschossen hatte, wurde gehenkt – der Erblindete wie alle anderen. Hans von Dohnany war so zugerichtet worden, daß er auf der Bahre zur Hinrichtung getragen werden mußte.

Die Verhaftung von Hardenberg beschreibt Zeller so: »Er saß bei Tisch, als die Beamten der Staatspolizei eindrangen und im Nebenzimmer erschienen, zu dem die Tür offen war. Er stand auf, grüßte gelassen die Gräfin und ging ihnen entgegen. Ein Schuß fiel, es schien für Augenblicke wie ein Kampf, Hardenberg sank zu Boden, er hatte sich mit einer Pistole durch die linke Brust geschossen. Als seine Bewacher für einen Moment nicht achtgaben, nahm er die Papierschere vom Schreibtisch und bohrte sie sich in die Wunde: Aber das Herz hielt stand, nur die Sinne schwanden. Auch ein dritter Versuch, der Schnitt in die Pulsadern, war vergeblich. In der Frühe wurde der Ausgeblutete weggebracht. Es war dann sein Los, alle Monate im Wechsel von Verwundetenzelle und Gefängniszelle zu überdauern.

Der Vorwurf von Unwissenden, an die Adresse der Verschwörer gerichtet, lautet heute: Erst als der Krieg verloren war, habt ihr euch entschlossen, etwas zu unternehmen. Grundfalsch! Ganz im Gegenteil wurde alles versucht, den Krieg zu verhindern. Der Chef des Generalstabes General Ludwig Beck hat im Sommer 1938 versucht, die Generale zu bewegen, einen gemeinsamen Schritt bei Hitler zu unternehmen und wenn notwendig geschlossen zurückzutreten. Schon damals war alles zum Staatsstreich bereit – damals dachte man noch nicht an ein Attentat, sondern an einen Staatsstreich, bei dem Hitler gefangengenommen, vor Gericht gestellt und mit seinen Verbrechen konfrontiert werden sollte.

Im September 1938 – so schildert es Eberhard Zeller (»Geist der Freiheit«) – entfalteten die Nazis in Nürnberg beim Parteitag eine Macht- und Massenschau noch nie dagewesener Dimension, vergleichbar höchstens den gigantischen Aufzügen in der sowjetischen Welt. Zeller schreibt: »Das Verhältnis des Einen zu seinen Abertausenden tat sich kund in machtvollem Pomp eines über sich selbst hinauswachsenden Schauspiels ... Er, der Eine, führte nicht mehr die Sprache der Überredung wie früher: Er wetterte, höhnte, schalt, drohte den eigenen wie denen draußen. Keine gelassene Kadenz gab seinem

Atem Entspannung. Er schien wie ein zur Tat Getriebener, dem sich Widerstände in den Weg stellen, wie einer, der mit Worten putscht, um die Atmosphäre zu schaffen, die es ihm leicht macht zu zünden... Von schneidender Dringlichkeit war der Anruf an Benesch, den Präsidenten der tschechoslowakischen Republik: Das Selbstbestimmungsrecht zu achten, denn lange könne eine Macht, wie das neu erstandene Reich, solcher Unterdrückung von Menschen seines Blutes nicht mehr zusehen...«

Schon damals, 1938, hatte sich eine Gruppe von verantwortungsbewußten aktiven Militärs und führenden Männern der Abwehr zusammengefunden, die Anstalten trafen, Hitler gefangenzusetzen. Zu diesen Hitler-Gegnern der ersten Stunde gehörten Beck, Halder, Canaris, Witzleben, Brockdorff-Ahlefeldt und Schulenburg. Neben ihnen gab es einige jüngere Offiziere, so Major Friedrich-Wilhelm Heinz, der der Freicorps-Brigade Ehrhardt angehört hatte und der von Witzleben und Oster den Auftrag erhielt, mit Hilfe seiner Stahlhelm-Verbindungen einen Stoßtrupp zusammenzustellen, um Witzleben auf seinem Gang zur Reichskanzlei, wo er Hitler verhaften sollte, zu begleiten.

Heinz brachte zwei Dutzend junge Offiziere zusammen, auch Arbeiter und oppositionelle Studenten, und war entschlossen, nicht lange zu fackeln, sondern Hitler – gegen den Befehl – zu erschießen. Heinz hatte bereits damals die Führer der Gewerkschaften, Wilhelm Leuschner und Hermann Maaß, mit Oster in Verbindung gebracht – auch sie waren eingeweiht.

Alles war sehr gründlich vorbereitet: die militärpolizeilichen Maßnahmen, um die Hauptstadt unter Kontrolle zu bringen, wie auch die Besetzung der Rundfunkstationen. Voraussetzung waren nur noch die Kriegserklärungen Frankreichs und Englands als Antwort auf Hitlers drohenden Einmarsch in die Tschechoslowakei. Aber als Chamberlain am 22. September in Godesberg Bereitschaft zum Einlenken zeigte, erhöhte Hitler seine Forderungen noch einmal. Nicht zuerst Volksabstimmung im Sudetenland und Verhandlungen über den zukünftigen Grenzverlauf, sondern sofort Einmarsch der Wehrmacht in die geforderten Gebiete. Wenn das nicht zugestanden werde, beginne am 1. Oktober der Krieg gegen die Tschechoslowakei.

Die Haltung der englischen und der französischen Regierung versteifte sich, sie befahlen Mobilmachungsmaßnahmen. Auch in Deutschland erwartete man am 28. September, daß die allgemeine Mobilmachung erklärt werde. Die Stoßtrupps von Heinz lagen bereit zum Handstreich gegen die Reichskanzlei.

Peter Hoffmann, der Chronist des deutschen

Widerstands (»Widerstand – Staatsstreich – Attentat«) erklärt, warum dieser erste Versuch des Staatsstreichs fehlschlug: »Da kam am Nachmittag die Meldung von der für den nächsten Tag in München anberaumten und von Mussolini vermittelten Konferenz, zu der Daladier und Chamberlain persönlich erscheinen wollten.«

Sowohl die Westmächte als auch Hitler lenkten ein. Die Westmächte gestanden Hitler sein brutales Einmarschbegehren zu, Hitler aber verzichtete für den Augenblick darauf, durch provozierte Gegenwehr oder auch durch inszenierte Zwischenfälle Gelegenheit zur »Zerschlagung« der ganzen Tschechoslowakei zu erzwingen.

Die Kriegsgefahr jedenfalls war für diesmal beseitigt. Dem aussichtsreichen Versuch, Hitler zu stürzen, war damit die Grundlage entzogen, die vorbereiteten Maßnahmen gelangten nicht zur Ausführung. Der britische Botschafter Henderson schrieb am 6. Oktober 1938 an den Außenminister Lord Halifax: »By keeping the peace, we have saved Hitler and his Regime.«

Eine andere skeptische Frage, die immer wieder gestellt wird, lautet: »Waren diese Verschwörer wirklich Demokraten?« Da kann man nur sagen: Die Frage ist falsch gestellt. Damals fragte kein Mensch, ist der Mitverschwörer auch ein Demokrat? Entscheidend war nur, ob der Betreffende für oder gegen Adolf Hitler war. Ob er dies als Monarchist, Sozialist oder aufgeklärter Konservativer war, das interessierte niemanden; jedenfalls nicht in dieser frühen Phase. Später, als die Kreisauer darüber nachzudenken begannen, wie ein Deutschland nach Hitler beschaffen sein sollte, lehnten sie und auch Schulenburg die Monarchie strikt ab. Ihnen ging es um Rechtsstaat, Freiheit und Dezentralisierung. In einem Wort, es ging ihnen um die geistige Überwindung des totalen Staats. Ihr Ziel war es, Deutschland im Geist ethischer Gesinnung moralischer Normen und im Sinne sozialer Gerechtigkeit neu erstehen zu lassen, um es dann – und dies war ihnen sehr wichtig – in ein vereintes Europa zu integrieren.

Und worum ging es ihnen dabei konkret und im einzelnen? In den Kreisauer Papieren hieß es: »Die freie und friedliche Entfaltung nationaler Kultur ist mit der Aufrechterhaltung absoluter einzelstaatlicher Souveränität nicht mehr zu vereinbaren. Der Friede erfordert die Schaffung einer die einzelnen Staaten umfassenden Ordnung. Sobald die freie Zustimmung aller beteiligten Völker gewährleistet ist, muß den Trägern dieser Ordnung das Recht zustehen, auch von jedem einzelnen Gehorsam, Ehrfurcht, notfalls auch den Einsatz von Leben und Eigentum für die höchste politische Autorität der Völkergemeinschaft zu fordern.«

Ihnen ging es darum, Politik für den Bürger überschaubar zu machen. Darum legten sie großes Gewicht auf die natürlichen Gliederungen, also zunächst Wahlen in den Gemeinden, dann in den Kreisen, und schließlich sollten die Kreisvertretungen die Länderparlamente wählen. Dieser Aufbau von unten nach oben werde, so hoffte man, zu einem neuen Demokratieverständnis führen.

Für den demokratischen Aufbau hatten sie also andere Vorstellungen als wir Heutigen. Aber im Grunde kann auch niemand erwarten, daß damals ein besonderes Verlangen nach Restaurierung der Demokratie von Weimar zum Ausdruck hätte kommen können. Es war ja gerade die Demokratie der Zeit von Weimar mit dreißig verschiedenen Parteien, die Hitler an die Macht gebracht hatte. Die Radikalisierung von rechts und links – Kommunisten und Nazis, die allmählich die Mitte aufzehrten –, das war doch die ideale Vorstufe für den Nationalsozialismus. Zwanzig Jahre Weimar und zwölf Jahre Nationalsozialismus, das ließ vielen jene Vorstellung von Demokratie wenig begehrenswert erscheinen; manche meinten, man könne ganz ohne Parteien auskommen. Ich denke, wir müssen den Alliierten sehr dankbar sein, daß sie uns nach dem Ende des Krieges auf den rechten Pfad gewiesen haben.

Wie aber stellten sich die Kreisauer das neue

Deutschland vor? Im Jahre 1942 schrieb Moltke an einen Freund in England: »Für uns ist das Nachkriegseuropa weniger ein Problem von Grenzen und Soldaten, von überladenen Organisationen und großen Plänen, als vielmehr die Frage, wie das Bild des Menschen in den Herzen unserer Mitbürger wieder aufgerichtet werden kann. Der Mensch muß über dem Staat stehen. Die Achtung vor dem Menschen als einem sich selbst und Gott verantwortlichen Eigenwesen muß alle Forderungen des Staates bestimmen und auch einschränken.«

Großen Wert legten die Kreisauer auf eine konsequente Dezentralisierung als Antithese zum Obrigkeitsstaat des 19. Jahrhunderts. Auch an eine Mitbestimmung war gedacht. Moltkes Begründung: »Wo das fehlt, werden diejenigen, die ausschließlich regiert werden, empfinden, daß sie an den Ereignissen keinen Anteil haben und daß sie für das, was geschieht, nicht verantwortlich sind; während diejenigen, die nur regieren, das Gefühl bekommen, daß sie als herrschende Klasse überhaupt niemandem verantwortlich sind.«

Die alten Schulbücher sollten sofort, auch wenn es zunächst noch keinen Ersatz gab, eingezogen werden. Die Schulen müßten christliche Schulen sein, mit Religionsunterricht beider Konfessionen als Pflichtfach – nach Möglichkeit von Geistlichen erteilt. Gewarnt wurde davor, den Unterricht zu »modern«, zu »lebensnah« zu gestalten, weil dadurch die Ausrichtung der jungen Menschen auf den von der Technik geprägten Alltag allzusehr in den Vordergrund träte.

Man war sich mit den Sozialisten und den Männern der Kirche einig über die Verstaatlichung der Grundstoffindustrie, die Wiederherstellung der Gewerkschaften als überschaubare »Betriebsgewerkschaften« und über die Einführung eines – heute würde man sagen »sanften« – Sozialismus. Dabei wußte man, daß dies nur gelingen kann, wenn das Vorbild freiwilliger Beschränkungen von den Mehrbesitzenden praktiziert wird.

Und wie stellten die Freunde sich die Vergangenheitsbewältigung vor? Wer Verbrechen oder Rechtsschändungen drinnen oder draußen begangen hatte, sollte vor deutschen Gerichten oder gegebenenfalls vor einem internationalen Gerichtshof – bestehend aus drei Richtern der Siegerstaaten, zwei aus neutralen Ländern und einem deutschen – abgeurteilt werden. Männer aus der engen Umgebung Hitlers und alle nationalsozialistischen Führer müssen ihre Stellung räumen. Aber jemanden zu verfolgen, nur weil er Mitglied der Partei war, das wurde für unzulässig gehalten.

Immer wieder betonten die Kreisauer, das

wichtigste sei das Bild des Menschen, das man als Ziel vor Augen habe, wenn man an das neue Deutschland denke. Die Frage, die sie bewegte: Was kann man tun, um dem Menschen, der im wissenschaftlich-technischen Jahrhundert ungeahnte Möglichkeiten verwirklicht hat, dabei aber seelisch und geistig verkümmerte – weil er der Versuchung erlegen ist, begierig nach immer mehr von dem Gift zu greifen, das ihn tötet – was also kann, was muß man tun, um ihm wieder den Sinn des Lebens zu erschließen?

Wenn ich die damalige Einstellung der Freunde charakterisieren sollte, würden meine Stichworte lauten: Skepsis gegenüber dem technischen Fortschritt, Vorbehalte gegen den Kapitalismus, Verschmelzung von konservativen und sozialistischen Werten, asketische Lebensweise, Verantwortung für das Gemeinwesen und große Hoffnung auf den europäischen Zusammenschluß.

Alle waren religiös, auch die, von denen man dies vielleicht nicht erwartet hätte; christlich nicht im formalen Sinn, aber betont religiös in ihrer Geisteshaltung und ihren Lebensauffassungen. Vielleicht war diese bewußte Einstellung auf das Metaphysische auch herausgefordert worden durch die anti-christliche Agitation der Nazis und ihren Kreuzzug gegen die Bekennende Kirche.

Die Freunde, von denen hier die Rede ist, repräsentieren nur einen Ausschnitt der Gruppen, die als Kreisauer Kreis bezeichnet wird; es sind die, die mir am nächsten standen. Vielleicht wird mancher Leser fragen, auf welche Weise ich eigentlich zu ihnen gestoßen bin. Darum will ich ein paar Worte dazu sagen.

Mit den Geschwistern Lehndorff bin ich aufgewachsen, die Yorcks kannte ich seit meiner Studienzeit, Schulenburg, seit er 1934 nach Ostpreußen kam. Wir waren alle etwa gleichen Alters, alle unter dreißig, kamen alle aus einem ländlichen Milieu, in dem Kontinuität, Verantwortung für das Gemeinwohl, Ehre, Pflicht und eine gewisse »austerity« selbstverständlicher Lebensstil gewesen sind.

Es waren nicht Verschwörer, die sich zusammenfanden, sondern junge Menschen gleicher Geisteshaltung, die früh die heraufziehenden Gefahren spürten und eine gesunde Skepsis gegen die bramarbasierenden Reden der Nazis entwickelten und gegen deren übertriebenen Nationalismus. Je weiter die Nazifizierung fortschritt und die Verabsolutierung der Pseudo-Ideale, je unduldsamer die Braunen wurden, desto stärker entwickelte sich bei uns eine zornige Gegenwehr, die in Wut und Aktionsdrang überging, als das Verbrecherische dieses Systems immer deutlicher zutage trat.

Ich habe 1933 – damals dreiundzwanzigjährig – die Universität Frankfurt verlassen, weil gleich in den ersten Wochen neunzig Professoren und Dozenten entlassen wurden, die entweder Juden oder Sozialisten oder aber beides waren. Mitgespielt hat bei meinem Entschluß auch, daß alle Studenten der Linken – Kommunisten und Sozialisten –, mit denen ich zusammengearbeitet habe, weil sie die einzigen waren, die den Kampf gegen die Nazis ernst nahmen, daß sie alle entweder geflüchtet waren oder nach und nach von der Universität relegiert wurden. Darum ging ich 1933 nach Basel, um nicht das gleiche Schicksal zu erleiden.

Daß Adolf Hitler einen Krieg anzetteln, der Jahre dauern und an dessen Ende Ostpreußen verloren sein würde, das war mir sehr bald klar: darum auch das Bedürfnis, sich mit Gleichgesinnten und Gleichbesorgten enger zusammenzuschließen. Die zwangsläufige Entwicklung zum Krieg war auch der Grund, warum ich 1937 dann doch nach Deutschland zurückging, um mich in die Verwaltung des heimatlichen Besitzes einzuarbeiten, weil mir klar war, daß die Brüder gezwungen sein würden, in diesen sinnlosen Krieg zu ziehen.

Ich wußte, daß die Parteibonzen mich mit Verärgerung beobachteten, weil ich aus Prinzip nie mit »Heil Hitler« grüßte und in ihren Augen wohl auch andere Defizite aufwies. Was ich nicht wußte, war, daß ein Onkel gleichen Namens, der am selben Ort (Quittainen) wohnte und der ein eingefleischter Nazi und Duzfreund des Gauleiters Erich Koch war, die Postagentur des Dorfes schon 1943 angewiesen hatte, alle Adressaten, an die ich schrieb, in einer Liste zu verzeichnen.

Als nach dem 20. Juli viele derjenigen, deren Namen das Postamt notiert hatte, in den Nachrichten als die Verräter abgestempelt wurden, fuhr der Onkel mit der Liste nach Königsberg zur Gauleitung und verlangte, man solle mich verhaften. Diese böse Tat zeugte eine Reihe von glücklichen Zufällen, die sich sehr positiv auswirkten: Es begann damit, daß das Auto der beiden Gestapobeamten aus Königsberg, die auf dem Weg nach Quittainen waren, unterwegs zusammenbrach. Der Forstmeister, mit dem ich spät am Abend eine Verabredung hatte, um verschiedenes zu besprechen, sagte unsere Besprechung ab, weil er in seiner Eigenschaft als Ortsgruppenleiter die Gestapobeamten abholen müsse. Er fügte hinzu: »Weiß der Himmel, was die hier wollen.«

Ich wußte natürlich, was sie wollten, und begann, alles Verfängliche zu vernichten. Glücklicherweise lud der Forstmeister »die Gäste« erst einmal zu einem Bier ein. Es wurde ein langer Abend, an dem viel hin und her schwadroniert worden ist, wobei sich offenbar herausstellte, daß ich, im Gegensatz zu »dem Grafen«, als außerordentlich sozial gepriesen wurde. Große Verwunderung – die beiden Herbeigereisten beschlossen, am nächsten Morgen zunächst die Angestellten zu vernehmen, um sich ein Urteil zu bilden.

Offenbar haben alle sehr günstig für mich ausgesagt. Als der alte Kutscher an die Reihe kam, sagte der: »Der Graf hat mir ja gesagt, wenn Sie mir fragen, soll ich sagen, daß ich die ›Verräter‹ immer zu Gräfin Marion gefahren habe. Aber wie soll ich das wissen? Die Herres stellen sich mir ja nicht vor.«

Diese Zeugenbeeinflussung erschien sogar der Gestapo verwunderlich. Als sie zu mir kamen, waren sie verhältnismäßig höflich, stellten viele Fragen, gewannen aber offenbar kein klares Bild; darum nahmen sie mich kurzerhand mit nach Königsberg. Dort wurde ich ihrem Chef vorgeführt, und dieser begann ein langes Verhör. Nach etwa zwei Stunden – gerade hatte ich insgeheim festgestellt, daß alles bisher ganz gut gelaufen sei – fragte er mich: »Wann haben Sie Graf Schulenburg zuletzt gesehen?« Ich antwortete (mit Betonung auf Berlin): »In Berlin habe ich ihn im vorigen Jahr zuletzt gesehen.«

Kaum war der Satz heraus, sah ich an seinen Augen, daß ich dies offenbar nicht sehr überzeugend herausgebracht hatte. Da gab's also nur noch eins: äußerste Offenheit: »Ich muß Ihnen sagen, ich habe eben nicht die Wahrheit gesagt. Er war vorige Woche hier, aber ich dachte, wenn ich das erwähne, dann würden Sie Ihre Vermutung für bestätigt halten.« Dieses Bekenntnis, das spürte ich, machte ihm Eindruck.

Es ging dann noch zwei Stunden weiter; am Schluß mußte ich meine Aussagen unterschreiben, aber zuvor fragte er mich: »Wollen Sie noch etwas hinzufügen?«

»Was meinen Sie?«

»Zum Beispiel etwas über Ihren Onkel.«

Da ging mir ein Licht auf: »Mit diesem Onkel hat meine Familie durch alle Instanzen bis zum Reichsgericht prozessiert. Er hat dabei verloren. Wahrscheinlich ist seine Anzeige ein Akt persönlicher Rache.«

Darauf er: »Nun fahren Sie mal erst wieder nach Hause. Wenn wir Sie brauchen, melden wir uns.«

Sie meldeten sich nicht mehr, obgleich der Onkel telefonisch noch einmal monierte, daß ich noch immer frei herumlaufe. Froh darüber konnte ich nicht sein, nachdem ich hörte, daß Heinrich Dohna, den ich zur Mitwirkung geworben hatte, hingerichtet worden war, obgleich er doch viel weniger beteiligt war als ich und auch weniger wußte.

Die Erklärung dafür war, wie ich später erfuhr, daß sein Name auf einer Liste derjenigen stand, die für zukünftige Schlüsselpositionen vorgesehen waren, während ich erklärt hatte, daß ich für nichts verwendbar sei, weil ich mich im Ernstfall um das Schicksal unserer Leute – es handelte sich um mehrere hundert Menschen – kümmern müsse.

Lange Zeit wünschte ich, ich hätte auf irgendeiner Liste für »Hilfskräfte« gestanden: Nichts konnte schlimmer sein, als alle Freunde zu verlieren und allein übrigzubleiben.

Bildnachweis

Adolf-Reichwein-Archiv, Münster (1)
Archiv der oberdeutschen Jesuitenprovinz, München (1)
Bayerische Staatsbibliothek, München (1)
Bildarchiv Preußischer Kulturbesitz, Berlin (10)
Bilderdienst Süddeutscher Verlag, München (2)
Politisches Archiv des Auswärtigen Amtes, Bonn (1)
Privatbesitz Christiansen, Ottobrunn (1)
Privatbesitz Marion Dönhoff (2)
Privatbesitz Gottliebe Gräfin von Lehndorff, Tacherting (1)
Privatbesitz Moltke, Norwich (1)
Ullstein Bilderdienst, Berlin (2)

Der Siedler Verlag ist ein Unternehmen
der Verlagsgruppe Bertelsmann.

Lektorat: Wolf J. Siedler jun.
Typographie: Brigitte und Hans Peter Willberg,
Eppstein/Ts.
Schutzumschlagfoto: Klaus Kallabis
Satz: Bongé + Partner, Berlin
Reproduktionen: Reprogesellschaft Wahl, Berlin
Druck und Buchbinder: Mohndruck, Gütersloh
Printed in Germany 1994
ISBN 3-88680-532-8

Erste Auflage